L. W Graepp

Die Rose von Texas

L. W Graepp

Die Rose von Texas

ISBN/EAN: 9783743389571

Hergestellt in Europa, USA, Kanada, Australien, Japan

Cover: Foto ©ninafisch / pixelio.de

Manufactured and distributed by brebook publishing software (www.brebook.com)

L. W Graepp

Die Rose von Texas

Verlag von Fr. Bartholomäus in Erfurt.

Allerlei Orakel, Aberglauben und Deutungen

von

Sophus Quast.

Inhalt:

Allerlei Aberglauben. — Kartenlegen. — Gedankenlesen. Karten-, Blumen- und Halm-Orakel. — Liebes-Orakel. — Wahrsagen. — Würfel-Orakel. — Besprechungen. — Die 39 bösen Tage des Jahres. — 200 Antworten auf Fragen in Nummern. — Blumen-, Zahlen-, Schrift- und Briefmarken-Sprache u. s. w.

Preis 1 Mark.

Das grosse Buch der Toaste und Tischreden.

Die vollständigste Sammlung von Toasten, Trinksprüchen, Fest- und Tischreden in Poesie und Prosa für alle Fälle im Leben

von

Edmund Wallner.

9. verm. Auflage. 32 Bg. gr. 8°. Preis 5 Mark.

Die
Rose von Texas.

Original-Erzählung
aus der Heimat des roten Mannes.

* * *

Nach Quellen frei erzählt

von

L. W. Graepp
(Ohio, Nord-Amerika).

* * *

Dritte unveränderte Auflage.

* * *

Erfurt u. Leipzig.
Verlag von Fr. Bartholomäus.

I.

Der Depeschenreiter.

Was die Pequod-Indianer im Osten der Vereinigten Staaten für die Ansiedler Neu-Englands waren, und die Sioux bis auf die gegenwärtige Zeit für die Jäger, Händler und Ansiedler des Westens sind: dasselbe sind die Comantschen und Apatschen bis auf den heutigen Tag für Texas und Mexiko. Ihre Ein- und Ueberfälle sind noch jetzt den Amerikanern ein Schrecken, und unter den Ansiedlern in Texas erzählt man viele Geschichten, wie diese wilden Indianer Expeditionen überfallen und gemordet, Niederlassungen zerstört und Frauen und Kinder in die Gefangenschaft geschleppt.

Wir lassen hier eine dieser Erzählungen folgen. „Die Rose von Texas" ist in jenen Gegenden noch heute nicht vergessen, und die Erzählung wird für den Leser um so interessanter sein, als die darin berichteten Thatsachen zumeist auf Wahrheit beruhen.

„Ihr habt da ein schönes Pferd, Sir! den ganzen Tag in solchem Wetter durch texanische Wildnisse ohne Aufenthalt und Futter es unter dem Sattel halten, das will etwas bedeuten — und bei alledem geht Euer Mustang am späten Tage noch recht munter voran."

Der angeredete Reiter zügelte sein Pferd zu langsamerer Gangart, wandte sich um und sagte lächelnd:

„Mein Mustang scheint allerdings besser zu sein, als der Eurige, Sir."

„Mag sein; aber wäre mein Pferd nicht vier Tage hintereinander schon auf dem Marsche gewesen, würde es sicherlich das Eure überholen."

„Vier Tage unausgesetzt auf dem Marsche? Da müßt Ihr es sehr eilig haben, Sir. Doch wenn's erlaubt ist zu fragen, wohin wollt und woher kommt Ihr eigentlich?"

„Ihr seid ein Deutscher, Sir, wie?"

„Ja, Herr!"

„Man merkt's an Eurer Redeweise."

„An meiner Redeweise? Wieso?"

„Nun, ein Amerikaner würde nicht sagen: wenn's erlaubt ist zu fragen."

„Ah so, und weshalb nicht?"

„Ihr seid eine ganze Tagereise mit mir geritten, und habt mich nicht einmal nach Namen, Geschäft, Ziel und Zweck meiner Reise gefragt; das würde ein Yankee nicht unterlassen haben."

„Das habt Ihr ja aber auch nicht gethan, obgleich Ihr als Eingeborner dazu eher ein Recht gehabt hättet, als ich, der ich ein Fremdling bin."

„Ich habe Euch mit Fragen aus dem Grunde verschont, weil ich Euch nicht ein gleiches Recht einräumen wollte."

Der Deutsche ließ das gelten — es schien ihm nichts daran zu liegen, daß sein Reisegefährte so schweigsam war.

Zu einer Unterhaltung lud das Wetter auch gerade nicht ein. Strömend ergoß sich der Regen vom Himmel. Aus den Blättern der hochstämmigen Lebenseichen schüttelte ihn der Sturm auf die Reiter in unaufhörlichen Schauern hernieder und peitschte ihnen das Wasser in's Gesicht. Laut und ununterbrochen rollte der Donner, während die Aufmerksamkeit der Männer sich auf den schwach bemerkbaren Pfad richten mußte, den im Dunkel des späten Abends nur die zuckenden Blitze blendend beleuchteten.

Sie ritten schweigend neben einander her, bis endlich der Amerikaner wieder anhob:

„Ihr kommt von Colombia und wollt nach San Antonio, um dort und auf den Zwischenstationen die Euch übergebenen Postsachen abzuliefern. Ihr seid Depeschenreiter?"

„So ist es," antwortete der Deutsche.

„Dann reitet nur gerade aus. Nach kurzer Zeit werdet Ihr an den Guaduloupefluß kommen, der heute stark angeschwollen sein muß, so daß Ihr ihn nicht passieren, also die Poststation Seguin nicht mehr erreichen könnt. Ihr müßt Euch daher nach einem guten Nachtlager umsehen, und da möchte ich Euch einen Rat geben. In einem Felsen, dicht am Ufer des Flusses ist eine natürliche Höhle, sie ist trocken und rein, darin könnt Ihr Euch ein Feuer anzünden und Eure durchnäßten Kleider trocknen. Aber nehmt Euch und Euer schönes Tier in Acht. Die Mexikaner und Rothäute streifen umher, es sind unsichere Zeiten." — Und damit wollte er die Richtung nach Norden einschlagen.

„Und Ihr, Sir? Soll ich Eure Gesellschaft von nun an entbehren?" fragte der Depeschenreiter.

„Ja Herr," erwiederte der Amerikaner mit leiser Stimme, setzte dann aber ebenso leise hinzu: „Ihr könntet mir Gesellschaft leisten, d. h. wenn Ihr den Mut habt, allerlei möglichen Gefahren entgegenzusehen und ihnen furchtlos zu begegnen. Führt Ihr Waffen bei Euch, die in Ordnung sind?"

Der Depeschenreiter stutzte nach kurzem Besinnen erwiderte er aber: „Das will ich meinen. Sollte ein Depeschenreiter in diesem Lande ohne gute Waffen reisen? Das wäre ein unverantwortlicher Leichtsinn. Seht hier!" Dabei zeigte er seinem Gefährten außer der Büchse, die über seiner Schulter hing, noch eine gute Doppelpistole und ein Bowiemesser.

„Sehr gut! Seht Ihr diese Spur, die jetzt nach Norden abführt? Sie ist frisch, vor kaum einer Stunde zurückgelassen. Sieben Reiter, Mexikaner und Indianer, haben den Weg gekreuzt. Diese Spur schreibt mir meine Marschroute vor. Ihr muß ich folgen. Aber mein Pulver ist noch trocken und meine Waffen sind in Ordnung."

"Wenn's so gemeint ist, Herr, dann will ich lieber Eure Gefahren teilen, als das sichere Nachtlager aufsuchen, zu dem Ihr mir rietet! Ich begleite Euch."

Schweigend ritt der Amerikaner voran.

Der Postreiter überlegte: Warum mag wohl dieser einzelne Mann einer Schar feindlicher Reiter folgen? Er kann sich doch unmöglich mit sieben Feinden in einen Kampf einlassen wollen? — Hätte der Deutsche nicht bereits ein großes Vertrauen zu dem Amerikaner gefaßt, er würde ihm nicht aufs Ungewisse gefolgt sein und lieber das ersehnte Nachtlager aufgesucht haben.

Jetzt wurde der Wald immer dichter und dunkler — das Rauschen des Stromes ließ sich in der Ferne vernehmen. Die Männer befanden sich in der sogenannten "großen Biegung" des Guaduloupeflusses. Der Sturm hatte nachgelassen, die Blitze zuckten seltener, der Donner rollte ferner. Die Natur hielt in nächtlicher Stille und Melancholie wieder ihren Feierabend. Kein Laut der wilden Tiere ließ sich vernehmen — kein Vogelschrei — selbst die Pferde der beiden Reiter enthielten sich des Schnaufens.

Plötzlich hielt der Amerikaner sein Pferd an, schwang sich leicht aus dem Sattel und bedeutete seinem Gefährten, ein gleiches zu thun. Dann nahm er sein Pferd am Zügel und schlich leise weiter. Der Depeschenreiter folgte ihm.

So drangen sie wohl eine halbe Stunde lang am Rande des Waldes, der hier mit dichtem Unterholz besetzt war, vorwärts, ihre Waffen in Bereitschaft haltend, um den Kampf jeden Augenblick aufnehmen zu können, obwohl von einem Feinde nichts zu entdecken war. Jetzt stand der Amerikaner lauschend still. Das Knicken und Krachen dürrer Zweige im Dickicht wurde hörbar, und bald darauf blinkte die helle Flamme eines Feuers durch die Bäume.

"Wie es scheint, finden wir die Vögel bereits im Neste," flüsterte der Amerikaner seinem Gefährten zu.

„Nehmt den Zügel meines Pferdes, Herr, und verhaltet Euch ruhig, damit wir unsere Anwesenheit nicht vorzeitig verraten. Was auch geschehen möge, unternehmt nichts, bis ich zurückkomme."

Damit ließ er sich leise auf die Kniee nieder und kroch ins Gebüsch. Sich unhörbar vorwärts schiebend, war er bald in der Dunkelheit verschwunden.

Der ehrliche Deutsche konnte noch immer nicht begreifen, was das Alles zu bedeuten habe. Alles, was er zu entdecken vermochte, so sehr er seine Sinne auch schärfte war, daß etwa 300 Schritte abwärts am Ufer des Flusses ein Feuer brannte, daß sich Menschen um dasselbe bewegten, und dann und wann das Schnaufen von Pferden an sein Ohr drang, die im Grase weiden mußten. Das war alles, was er zu entdecken vermochte.

Nach Verlauf einer Stunde kam der Amerikaner ebenso leise, als er sich entfernt hatte, wieder zurück. Er flüsterte, indem er sich aus dem Grase erhob, seinem Gefährten zu:

„Ich meinte dort Feinde vorzufinden, habe mich aber doch wohl getäuscht. Ihr wißt, Sir, wir leben in unruhigen Zeiten. Die Amerikaner und Texaner führen Krieg gegen die Mexikaner. Santa Anna, der General der Mexikaner wurde von den Verbündeten geschlagen und ist sogar flüchtig geworden. Man sagt, er habe sich nach Texas begeben, um sich mit den Comantschen in Verbindung zu setzen, zunächst einen Einfall dieser wilden Indianer in unser Land zu veranlassen und lasse zu diesem Zweck das Land von seinen Spionen und kleinen Expeditionen durchziehen. Eine solche Expedition glaubte ich vor mir zu haben, es scheinen aber zwei ganz harmlose Menschen zu sein. Wir wollen die Nacht an ihrem Feuer zubringen. Ihr hieltet mich bis jetzt für einen Amerikaner, und ich bin es auch mit Leib und Seele, dabei aber doch ein geborner Deutscher, wie Ihr es auch seid. Mein Name ist M. L.... b und mein Wohnort das kleine Städtchen Cuero am Guaduloupefluß, wohin auch Ihr Eure Postsachen als Depeschenreiter, d. h., wenn Ihr nicht vorzieht, diesen gefahrvollen Dienst bald wieder zu quittieren, oder die wilden Comantschen auf Euren Reisen Euch nicht Eurer Kopfhaut berauben, werdet befördern müssen. Doch laßt uns nun bis zum Lagerfeuer der beiden Jäger vordringen, und sollte ich mich dennoch in ihnen getäuscht haben, und jene Männer sich als Feinde entpuppen, wofür ich sie anfänglich hielt, mir auch iu einem etwaigen Kampfe mit ihnen etwas menschliches begegnen, so bemächtigt Euch vor allem meiner Satteltasche, und befördert die darin enthaltene Depesche an den Kommandanten in San Antonio. Wollt Ihr mir das versprechen, Herr?"

„Ich verspreche es, Sir, und indem ich Euch als deutschen Landsmann begrüße, verbürge ich mich mit meinem Ehrenwort, daß ich Euren Auftrag getreulich ausrichten will. Hier meine Hand, Herr Landsmann."

„Es ist gut, ich danke Euch, Herr!" sagte M. L....b, indem er in die dargebotene Hand des Depeschenreiters herzhaft einschlug und sie kräftig drückte.

Mit Mühe brachten sie nun ihr Pferde durch's Dickicht, und je näher sie dem Feuer kamen, besto öfter gab L....b seinem Gefährten zu verstehen, daß er wohl thun werde, jede nur mögliche Vorsicht anzuwenden.

Da schallte ihnen plötzlich vom Feuer her in spanischer Sprache ein: „Wer da?" entgegen. „Seid Ihr es endlich, Don Mauro?" setzte der Frager hinzu.

„Vorsicht! Vorsicht!" flüsterte L....b jetzt schnell dem Depeschenreiter zu, und beantwortete dann die an ihn gerichtete Frage im reinsten Englisch:

„Ein paar verirrte Reisende — wir wünschen an Eurem Feuer zu übernachten."

Die Männer waren augenscheinlich überrascht, erhoben sich von ihrem Lager am Feuer, und man konnte in ihrer Hirschhautkleidung erkennen, daß sie Jäger waren. Sie musterten die aus dem Dunkel des umgebenden Gebüsches sich hervorarbeitenden Ankömmlinge mit scharfen Blicken, und da ihnen nichts Beunruhigendes in ihrem Aussehen entgegentrat, rief der ältere ihnen nun ebenfalls in englischer Sprache zu:

„Es ist noch Platz am Feuer, kommt nur näher. Auch wir haben den rechten Weg verloren, wollten unsere Jagdpartie aufgeben und nach Helena gehen, mußten aber froh sein, vor dem fürchterlichen Unwetter hier in der „großen Biegung" Schutz zu finden."

„Führt Eure Pferde in die Lichtung zurück, wo sie Futter finden," gebot nun der zweite Jäger am Feuer.

„Nein, nicht in die Lichtung zurück, sondern an's jenseitige Ufer des Flusses. Das Wasser ist zwar tief und reißend, aber die Felsstücke im Bette und die umgesunkenen Baumstämme bahnen Euch den Uebergang. Dort drüben ist auch offene Prärie und gutes Gras;" wandte sich L.... b an seinen Gefährten.

Der Depeschenreiter, der sich seinem Landsmanne unter dem Namen C. D.... mann vorgestellt, begriff sofort das Angemessene dieser Vorsichtsmaßregel, und setzte sie sogleich ins Werk. Die Aufgabe war schwierig, aber sie wurde glücklich ausgeführt. Die Pferde blieben gesattelt, wurden an langen Leinen festgebunden und man konnte sie vom andern Ufer aus beobachten. Die Felsstücke im Flusse bildeten eine Art Brücke, so daß der Depeschenreiter sie leicht passieren konnte.

Als er ins Lager zurückkam, fand er die drei Männer um's Feuer versammelt und eingehüllt in ihre wasserdichten Decken. Die Waffen lehnten an Baumstämmen neben ihnen, während sie damit beschäftigt waren, ihr frugales Abendessen einzunehmen. D.... mann ahnte ihrem Beispiele nach, und nun hielten die vier Männer schweigend ihre Mahlzeit, während Jeder den Andern beobachtete.

Die beiden Jäger mochten Männer von 35 bis 40 Jahren sein; hoch und kräftig gebaut Aus ihren Zügen sprach, wie man es gewöhnlich bei Hinterwäldlern antrifft, ein gewisses trotziges Selbstbewußtsein. Der ältere hatte das Aussehen eines intelligenten Mannes. Der jüngere trug rohere Linien und verriet weniger körperliche Gewandheit. — L.... b mochte etwa 50 Jahre alt sein, war sehr hoch gewachsen, schlank, von kräftigem dunklen Haarwuchs, gebräunter Gesichtsfarbe und ein Muster männlicher Kraft und Schönheit.

Der Depeschenreiter, weniger schön und hochgebaut, verriet in seinen Zügen den Mann der Welterfahrung und Geistesbildung.

Die Gruppe war wundersam genug, mitten im hochstämmigen Walde von kerzengraden Pekonbäumen und dichtem Unterholze, das von wilden Weinreben und andern Schlingpflanzen überwuchert war. Dennoch ließ der Wald den Blick an dieser Stelle nach dem Wasser frei, und die mächtige Flamme beleuchtete matt das jenseitige Ufer. Einen weiteren Ueberblick verwehrte das Dunkel der Regennacht.

Jeder von den vier Männern betrachtete die drei andern mit Neugier oder Argwohn, und ein unparteiischer Beobachter hätte beides aus dem gemischten Ausdruck des Gesichtes und der Körperhaltung schließen können.

„Sie sind wohl ein Deutscher, Herr?" fragte der ältere der beiden Jäger den Depeschenreiter in englischer Sprache.

„Ja, Herr?"

„Und Postreiter?"

„So ist es."

„Wollen nach San Antonio?"

„Auch dorthin."

„Wir kommen von Helena und wollen nach Helena zurück; unser Jagdausflug war wenig ergiebig. — Und Ihr, Herr Amerikaner?" setzte er sich an diesen wendend, hinzu, — „Ihr seid offenbar kein geborner Texaner?"

„Keineswegs; ebensowenig wie Ihr. Doch lebe ich lange genug in Texas, um so scharfe Augen zu haben, wie ein geborner Texaner."

„Wie fein sich das trifft — da würdet Ihr uns morgen leicht den rechten Weg weisen, auf dem wir nach Helena zurückgelangen können."

„Wenn's Euch nur darum zu thun ist — das kann leicht geschehen."

Aus dem Tone beider Männer ließ sich leicht ein Anflug von Spott und Argwohn heraushören. Das Gespräch stockte. Man packte die Ueberreste der Mahlzeit zusammen.

„Ihr kommt von Helena über Saguin und kreuztet den Fluß nördlich von der großen Biegung?" fragte L....b.

„Ihr habt es getroffen," versetzte der ältere Jäger. „Dann müßt Ihr Euch in der That weit verirrt haben, denn wir folgten Eurer Spur seit etlichen Stunden, die aber vom Süden heraufführt."

„Habt Ihr das gethan? Merkwürdig!" war die etwas verlegene Antwort.

„Allerdings merkwürdig; denn Ihr kreuztet den Fluß nördlich der „großen Biegung;" — ist das nicht seltsam? Da seid Ihr in der That in einem großen Bogen geritten."

„Es mag wohl sein."

Der Depeschenreiter hatte dem Gespräch aufmerksam zugehört. Er bewunderte den Scharfsinn L....b's, und die Lüge des Jägers; denn daß dieser die Unwahrheit gesagt, war ihm klar, obgleich er keine Erklärung dafür finden konnte, aus welchem Grunde dieser die Wahrheit umging

„Was gab es Neues in Helena, als Ihr die Ansiedlung verließet?" fuhr L....b fort.

„Nichts Besonderes, das erwähnenswert wäre."

„Weiß man dort nichts von Santa Anna?"

„Nicht das Geringste."

„Man sagt, daß er einen Aufstand der wilden Comantschen plane, und diese gegen die Texaner aufzuhetzen suche."

„Wird wohl nur leeres Geschwätz sein."

„Wißt Ihr vielleicht etwas über seine geheimen Spione und Expeditionen, die er durch das Land sendet, um durch diese den beabsichtigten Raubzug der Comantschen einzuleiten und die verschiedenen Stämme der Wilden zu bearbeiten?"

„Ihr redet da von Dingen, von denen Leute unseres Schlages nicht einmal eine Ahnung haben," sagte der Jäger, dessen Stimme mindestens ebensoviel Aerger und Ueberraschung, als Argwohn verriet.

„Oder was gab's Neues am Nuecesflusse, da Ihr Eure Jagdausflüge jedenfalls auch nach Westen hin unternehmt."

Statt aller Antwort drehte sich der Jäger nach seinem Gefährten um, und indem er sich halb aufrichtete, tauschte er einen bedeutsamen Blick mit diesem aus.

„Wartet bis morgen, Sir, dann will ich Eure Neugier zu befriedigen suchen," sagte der Jäger, wickelte sich in seine Decke und legte sich zum Schlafe nieder. War es Zufall, daß sein Kopf dicht neben dem seines Gefährten zu liegen kam?

Unsere beiden Freunde waren auf ihrer Hut und beobachteten die beiden Jäger unausgesetzt, obgleich sie sich nun auch zur Ruhe niederlegten. Sie stellten sich schlafend, lagen aber ebenfalls mit den Köpfen nebeneinander.

Bald schnarchten die beiden Jäger so laut, daß man glauben konnte, sie lägen im tiefsten Schlafe, allein es war augenscheinlich, daß sie sich nur schlafend stellten.

Der Depeschenreiter, der mit angestrengtester Aufmerksamkeit horchte, vernahm dann auch nach langer Weile endlich ein leises Geflüster zwischen den beiden Jägern. Er stieß seinen Gefährten an um zu erfahren, ob er wache. Die Antwort in derselben Weise gegeben, überzeugte ihn, daß dieser nicht minder scharf beobachtet hatte.

Es verging nun wieder eine ziemlich lange Weile, ehe der zweite Jäger sich vom Boden erhob — gähnte und sich reckte, das Feuer schürte, sich die Hände rieb und endlich ganz langsam mit Zurücklassung seiner Waffen dem Wasser zuschritt, wo er sich bald im Dickicht am Rande des Flusses verlor.

Der andere Jäger schnarchte laut und immer lauter, so daß Jeder, der ihn beobachtete, nun für wirklich eingeschlafen halten mußte.

„Der Kerl geht, um Verstärkung herbeizuholen. In kurzer Zeit können wir umzingelt sein," flüsterte L.... d seinem Gefährten zu. „Es sind sieben," fuhr er dann fort, „meine Ahnung betrog mich nicht — alle gut bewaffnet und vollständig entschlossen, Jeden aus dem Wege zu räumen, der hinter ihr Treiben komme und ihre Pläne durchschauen könnte. Dadurch würde dann die Bevölkerung gewarnt und ein frühzeitiger Alarm hervorgerufen, wodurch der beabsichtigte Ueberfall im Keime erstickt werden müßte. Jedenfalls ist diese Expedition der Mexikaner auf dem Wege nach dem Indianer=Territorium. Geht über den Fluß, Herr, zäumt und sattelt die Pferde, nehmt meine Satteltasche — Ihr wißt, weshalb — und Eure Waffen mit. Aber macht Euch langsam davon — laßt die Pferde los und befestigt die Leinen an dem Sattelknopf. Dann bleibt drüben und seht zu, daß Ihr mir den Rücken deckt und meinen Rückzug nach drüben zu Euch hin, sicher stellt."

„Soll pünktlich ausgeführt werden," flüsterte D....mann.

„Sollte sich mein Schicksal erfüllen und ich fallen, so kümmert Euch nicht weiter um mich — sondern um die Satteltasche und ihren Inhalt, doch Ihr kennt ja in diesem Falle Eure Aufgabe."

„Gewiß."

„Seid Ihr ein guter Schütze?"

„Ich denke, daß ich Euch zwei vom Halse halten kann, der Kampf scheint mir aber noch sehr zweifelhaft."

„Gut! wenn er aber da ist, dann — — — —"

„Dann thu' ich meine Schuldigkeit, Euer Leben zu retten, darauf dürft Ihr Euch verlassen."

„Doch, es ist Zeit, macht Euch langsam davon."

D.... mann erhob sich langsam von seinem Lager, schürte das Feuer, ergriff seine Waffe und die Satteltasche seines Gefährten, hüllte sich in seine Decke und glitt langsamen Schrittes am Ufer hin bis zu der Stelle, wo die Felsstücke ihm den Weg nach dem jenseitigen Ufer bahnten.

Hier wandte er noch einmal den Blick zurück. Die Zurückgebliebenen lagen noch in derselben Stellung, wie er sie verlassen.

Inzwischen schlich der andere Jäger durch das Gesträuch des Ufers dahin. Er mochte etwas über zwei Meilen gewandert sein, als er ein Signal mit einer kleinen Pfeife gab, das erwidert wurde.

Ein paar hundert Schritte weiter und eine Stimme redete den Atemlosen aus dem Dunkel des Dickicht's an: „Was bringt Ihr, Don Alberto?"

„Wir bedürfen Eurer Hülfe, Don Mauro. Laßt sofort aufbrechen. Zwei Füchse liefen uns in die Falle, die jedenfalls um unser Vorhaben wissen. Sie müssen mundtot gemacht werden — aber mit Vorsicht, da sie gut bewaffnet sind."

Man hatte sich der spanischen Sprache bedient. Don Mauro und Alberto bogen um die Ecke und fanden vor einer Höhle vier Männer sitzen. Es waren drei Mexikaner, kräftig und muskulös, mit Entschlossenheit und Schlauheit in ihren Gesichtszügen und ein alter Comantschen-Häuptling. Don Mauro war ein junger, schöner Mann, den man eher für ein Weib als für einen Mann halten konnte, der aber doch der Führer der Expedition und die Seele der Bande war.

„Was habt Ihr weiter zu berichten, Don Alberto?" fragte der Führer den Jäger.

„Nichts weiter, als daß die Pferde der Fremden jenseits des Flusses der Lagerstätte gegenüber stehen. Um ein Entrinnen der beiden gefangenen Füchse zu verhindern, müssen wir uns zunächst ihrer Pferde bemächtigen. Das könnten Don Urrea und der Häuptling besorgen, und wir gehen dann am diesseitigen Ufer hinauf."

„Welch ein Feldherrntalent Ihr da entwickelt, Don Alberto," spöttelte der Mexikaner. „Man hätte Euch zum Haupt der Expediton machen sollen. Besteht unsere Aufgabe nur darin, die Fremden von ihren Pferden zu trennen — dann können wir ruhig hier bleiben — das bringt unser Häuptling „Red Cloud" (rote Wolke) allein fertig. Die Amerikaner folgten unserer Fährte, sagtet Ihr, Don Alberto?"

„So haben sie selbst bekannt."

„Dann haben sie auch noch Leute im Hinterhalt liegen. Sich freiwillig und allein in die Höhle des Löwen von Mexiko begeben, würden sie sonst nicht gewagt haben."

Das leuchtete Don Alberto denn auch ein — er blickte den jungen Führer fragend an.

„Nun, nun, wenn Euch der Verstand still steht, oder davonläuft, dann haltet wenigstens die Tapferkeit noch zurück, mein guter Don. — Will mein roter Vater die beiden Pferde holen, und wenn er sie verborgen hat, sich an dem Lagerplatz gegenüber in den Hinterhalt legen?" wandte sich Don Mauro an den Comantschen-Häuptling.

Der alte Chief erhob sich von seinem Lager, schritt lautlos der Furth zu, die hier dicht neben der Höhle über den Fluß führte. Dort drüben stand sein Pferd in der Prärie. Er schwang sich hinauf und verschwand im Dunkel der Nacht.

„Folgt mir!" gebot nun Don Mauro den Andern. „Es darf kein Schuß abgegeben werden — gebraucht nur den Dolch. Ihr Don Urrea besorgt diese Arbeit mit Don Ampudia, der dort im Lager ist, allein, und wir wollen Euch bei der Arbeit decken, falls noch irgendwo ein Hinterhalt verborgen liegen sollte."

II.

Die Rose von Texas.

Die kleine Ortschaft Cuero war zur Zeit unserer Erzählung noch nicht die aufblühende Stadt mit Straßen, Plätzen, Läden, Stadthaus, Postgebäuden, zu der sie jetzt geworden, sondern eine eben entstandene, aus wenig zerstreut liegenden Block- und Bretterhütten und Gehöften gebildete Ansiedlung im südlichen Texas, von etlichen Deutschen, einem halben Dutzend Schweden, etlichen Spaniern und Engländern bewohnt, deren Hauptbeschäftigung in etwas Ackerbau und Viehzucht bestand.

Die Ansiedler waren fleißige und sparsame Leute, in deren unscheinbaren Häusern ein gewisser Wohlstand herrschte. —

Und noch eines andern Vorzuges durfte das Städchen sich rühmen; seine wenigen jungen Mädchen galten weit und breit als die hübschesten der ganzen Umgegend. Die hübscheste von Allen aber war unbestritten Rosa L... b, die Tochter des Mannes, den wir in dem Begleiter des Depeschenreiters bereits kennen gelernt haben. Er besaß in Cuero einen Kaufladen, dem einzigen der Ortschaft, mit dem er schönes Geld verdiente. Er war Witwer gewesen, hatte sich zwar zum zweiten Male verheiratet, hing aber mit großer und zärtlicher Liebe an dem Ebenbilde seiner verstorbenen Frau, seiner dreizehnjährigen, herrlich gewachsenen, blonden Rosa mit ihren himmelblauen Veilchenaugen und dem wunderlieblichen Madonnengesicht, die von allen Ansiedlern mit wohlgefälligen Augen betrachtet, von den feindlichen Indianern aber, die des Tauschhandels wegen im Städtchen verkehrten, nur „Die Rose von Texas" genannt wurde. — — —

Rosa's Vater, Moritz L.... b, war ein gebildeter Deutscher, verließ sein Vaterland im Jahre 18.. unter nicht glücklichen Umständen, besonders aber, um dem ihm verleideten Soldatenleben aus dem Wege zu gehen und wanderte nach Arkansas aus. Bis zu den äußersten Grenzen, die die weißen Ansiedler zu erreichen gewagt hatten, drang auch er vor, kaufte sich ein schönes Grundstück für einen billigen Preis, errichtete ein Blockhaus und begann ein einsames Leben.

Obgleich er noch jung war, lag doch ein tiefer Ernst in seinem ganzen Wesen; und da er auch auf seiner Farm vollauf zu thun fand, arbeitete er von früh bis spät in die Nacht, klärte das Land und bearbeitete es für kommende Ernten, allerdings eine für ihn ungewohnte Arbeit; aber er hielt aus. In seine Einsamkeit hatte er nichts mitge=

bracht, als seine Kleider und eine kleine Geldsumme, die er zur Beschaffung der nötigen Wirtschaftsgerätschaften und eines kleinen Viehstandes verwendete. Vom Verkehr mit Menschen zog er sich freiwillig zurück und verzichtete auf jede Zerstreuung. Sein Bart wuchs lang und ungepflegt; weiße Fäden durchzogen seine Locken. Er führte ein sehr einsames Leben, gewährte aber jedem, ob er ein Weißer oder umherstreifender Indianer aus der Prärie war, gerne Obdach. Die Tiere und Vögel der Wildnis, seine eigene kleine Heerde waren oft wochenlang seine einzigen Gesellschafter. Das Konzert in den Wäldern, die wunderbare Farbenpracht der lieblich blühenden Prärie erfreute ihn und besänftigte sein Inneres, wenn er vergangener Zeiten gedachte, hielt ihn geistig gesund und erfrischte seinen Mut zu fleißiger Arbeit.

Was er nur anfaßte, schien ihm zu glücken. Er säete und erntete, und von Jahr zu Jahr wuchs sein Wohlstand. Er besaß eine weithin ausgedehnte Farm — aber noch immer kein neues Haus. Die einfache, schmucklose Blockhütte genügte ihm, obgleich sein Geldvorrat sich beständig vermehrte. Wunderbar, daß sein Erfolg ihm keine Behaglichkeit, sein zunehmender Wohlstand keine Freude brachte.

Da er sich nun auch Arbeiter halten konnte, erwies er sich diesen gegenüber als ein gütiger Herr; im geschäftlichen Verkehr war er die Rechtschaffenheit selbst, aber nie trat er mit irgend einem Menschen in einen freundschaftlichen Verkehr.

Da trat endlich ein Ereignis ein, welches seinem einsamen Leben eine andere Wendung gab.

Aus der Prärie zurückkehrend, fand er eines Abends zwei Reisende vor der Thüre seines Blockhauses. Sie baten um Herberge für die Nacht. Es war ein Vater mit seiner Tochter. Sie kamen von Memphis und wollten in das Indianer-Territorium. Der Mann hatte in Memphis einen Kaufladen gehabt, und das junge Mädchen war seine einzige Tochter. Offenbar hatten Beide in guten Verhältnissen gelebt, kamen aus irgend einer größeren Stadt und waren entweder durch Unvorsichtigkeit oder durch zugefügtes Unrecht in dürftige Verhältnisse geraten. — Jetzt wollte der Mann durch die Wildnis bis nach Fort Smith am Arkansasflusse vorbringen, sich mit seiner Tochter dort zunächst niederlassen und mit den Indianern einen Tausch- und Pelzhandel beginnen, von dem er sich große Erfolge versprach.

Das junge Mädchen war von ungewöhnlicher Schönheit. In ihrer zarten Lieblichkeit machte sich jenes Etwas geltend, das jedes Männerherz anzieht. — Wie die zarte Gestalt so an der Seite ihres Vaters harrend, vor der Thür des Blockhauses stand, von den letzten Strahlen der sinkenden Sonne beleuchtet, die ihr goldblondes Haar und ihr feines bleiches und doch leicht gerötetes Antlitz wie zum Abschiedsgruß küssend, streiften, wurde Moritz L....b von ihrer süßen, anmutigen Erscheinung so bewegt, daß sie ihm wie eine liebliche blühende Blume mitten in der Wildnis erschien, die aber der nächste Sturm knicken und entblättern konnte.

Mit innigem Wohlgefallen schaute er sie an und sein Gesicht erhellte sich, als er sie mit ihrem Vater sein Blockhaus betreten sah. Bei der Abreise ihres Vaters aus Memphis, hatte sie sich nicht entschließen können, in der Stadt zurückzubleiben, obwohl sie für eine derartige Reise viel zu zart und schwächlich war. Nun hatte sie die große Anstrengung und Ermüdung krank gemacht. Sie mußte eilen, ein Ruhelager aufzusuchen — und am nächsten Morgen war es beiden Männern nur zu klar, daß eine Fortsetzung der Reise ihr das Leben kosten könnte. Der Vater war tief bekümmert, umsomehr, da er durch Uebernahme besonderer Verpflichtungen zur Fortsetzung der Reise gezwungen war. Ratlos stand er an ihrem Lager. Was sollte er thun? Da kam L....b mit einem Vorschlage zu Hülfe.

„Ich möchte Ihnen einen Vorschlag machen, Herr", wandte er sich an den Vater.

„Nun?" fragte dieser.

„Lassen Sie Ihre Tochter hier; die Ruhe, das Stillleben und eine angemessene Pflege werden sie allmählig völlig wieder herstellen. Erfüllen sich Ihre Hoffnungen in Bezug auf Pelz- und Tauschhandel mit den Indianern, dann kommen Sie zurück und holen Ihre Tochter frisch und gesund nach Ihrer neuen Heimat ab. Mein erster Arbeiter ist verheiratet, seine Frau soll Ihre Tochter pflegen und bedienen, und ich will nach Kräften dafür sorgen, daß es ihr an nichts fehle."

Der Vater sah ein, daß dies der einzige Weg sei, um die Schwierigkeit zu lösen, und nahm den Vorschlag an. Dem armen kranken Mädchen wurde es schwer, sich von dem Vater zu trennen und in der Wildniß zurückbleiben zu müssen. Weinend umschlang sie ihn und hing schluchzend an seinem Halse Dieser aber stellte ihr vor, daß sie sich in das Unvermeidliche fügen müsse, so schwer es ihm selbst auch vorkomme, sie zurücklassen zu müssen. Zudem versprach er ihr, sobald als möglich zurückzukommen und sie abzuholen. Dann bestieg er sein Pferd und ritt bekümmerten Herzens von dannen. Die zarte Rücksicht, mit welcher M. L....b der jungen Dame begegnete, that ihr wohl; langsam erholte sie sich, ihre Kräfte nahmen allmählig zu; sie konnte weitere Spaziergänge unternehmen und harrte mit Sehnsucht der Rückkehr ihres Vaters.

Aber Wochen vergingen, aus diesen wurden Monate, und der Ersehnte kehrte nicht wieder. L....b trug große Sorge um das ihm anvertraute liebliche Wesen. Er bemühte sich nach Gründen für das unerklärliche Ausbleiben des Vaters zu suchen und sie nach Kräften zu trösten, um sie von ihren quälenden Gedanken abzuziehen.

Es dauerte eine geraume Zeit, bis sie den Gedanken an die Möglichkeit seines Todes zu fassen vermochte — als ihr aber dann endlich von herumziehenden Jägern und Trappern die Nachricht zuging, daß er von wilden Indianern gefangen genommen, und wahrscheinlich getötet und scalpirt worden sei, da er sie unvorsichtigerweise gereizt habe, da brach der Sturm des Schmerzes in seiner ganzen Gewalt über sie herein. Es war eine Zeit unendlichen Jammers, die das arme Mädchen durchlebte, bis sie sich dann endlich — nachdem der erste Sturm des Schmerzes über-

wunden war — mit zagendem Herzen entschloß, nach
Memphis zurückzukehren, um sich auf irgend eine Art ihren
Lebensunterhalt zu erwerben. Besorgt schaute L . . . . b
auf das bleiche traurige Mädchen! Wie wenig war sie
geeignet, sich selbst durch harte Arbeit durch das Leben zu
bringen und doch wußte er keinen Rat. Daß sie bei ihm nicht
bleiben konnte, war selbstverständlich, und wo sollte er sie
sonst unterbringen? Ihm war keine Familie in der Um=
gegend bekannt, der er sie hätte anvertrauen mögen.

Am Abend vor ihrer beabsichtigten Abreise saß sie ihm
mit stiller Entschlossenheit gegenüber. Er vermochte den
Blick von ihrem lieblichen Gesicht nicht abzuwenden. Ein
wunderbar warmes Gefühl schlich sich in sein Herz, und er
konnte den Gedanken nicht ertragen, dies wunderliebliche
Mädchen, die verlassene Waise den Gefahren und Leiden
einer harten, selbstsüchtigen, mitleidslosen Welt auszusetzen.
Es wäre grausam von ihm gewesen, sie ziehen zu lassen. —
Die ganze Nacht befand er sich in großer Aufregung und
wanderte draußen umher. Er kämpfte mit sich selbst, er
seufzte zu dem, der die Geschicke der Menschen lenkt, um
Licht und Rat; denn nur Er kannte die tiefsten Tiefen seines
starken Männerherzens.

Als der Morgen heraufdämmerte, raffte er sich endlich
auf, sein Entschluß schien gefaßt, langsam schritt er seinem
Hause zu. Vor dem Blockhause hielt bereits der Wagen,
der das arme Mädchen nach Little Rock führen sollte.

„Liebe Rosa", sagte er, ihre Hand ergreifend, „ich kann
Sie nicht so ziehen sehen, ich habe einen Ausweg gefunden.
Mein Herz ist traurig. Sie sind ein junges, frisches,
liebes Mädchen, wir stehen beide allein in der Welt.
Könnten wir nicht beisammen bleiben, und könnte das Band
der Ehe uns nicht für immer verbinden?" — — —

Und siehe, Rosa wurde sein Weib. — Wie eine lieb=
liche Blume auf feuchtem Erdreich, so blühete die junge Frau
auf dem Lebenswege des geliebten Gatten. Die Lieblichkeit
ihres Wesens und ihre liebreiche Hingabe an ihn, erquickte
sein Herz. Sie verehrte dankbar den teuren Mann, und er
dankte ihr ihre Liebe durch herzliches Vertrauen und treue

Fürsorge. Aus seinem früheren Leben erfuhr sie nicht viel; sie lebte auch nicht lange genug, um zu erkennen, daß er einst um seine treue Liebe grausam betrogen wurde. Nach kaum zwei Jahren einer glücklich geführten Ehe nahm sie Abschied von der sonnigen, lieblichen Prärie und ihrem treuen Gatten, und hinterließ ihm ein kleines Töchterlein, Rosa — die Rose von Texas.

Als Röschen 8 Jahre alt war, verheiratete er sich, aus ängstlicher Sorge für seine Tochter, zum zweiten Male mit einer geschäftigen, praktischen Jungfrau in mittleren Jahren, die ein warmes Herz für Rosa zeigte.

Ihr gefiel das Stilleben auf der Farm nicht — sie liebte die Gesellschaft der Menschen, bewog ihren Gatten endlich dahin, daß er sein Besitztum in Arkansas verkaufte und nach Texas übersiedelte, wo er in dem kleinen Städtchen Cuero einen Kaufladen anlegte. Wie sie dies anfing, gehört nicht in unsere Erzählung. Kurz, Rosa hatte eine Stiefmutter und wohnte mit ihren Eltern in Cuero um jene Zeit, in welcher unsere Erzählung beginnt.

Mit dem Umzuge hatte die ganze Lebensweise von Vater und Tochter eine durchgreifende Veränderung erlitten, und der gewohnte Friede war mehr aus der stillen Häuslichkeit gewichen. Rosa fügte sich dem neuen Stande der Verhältnisse, weil sie ihren Vater zärtlich liebte. Sie war nun zwölf Jahre alt, und obgleich die Stiefmutter ein derartiges Regiment im Hause führte, das Vater und Tochter nicht ganz behagte, so wußte Rosa es doch zu machen, daß sie in gutem Einvernehmen mit der Stiefmutter blieb, während der Vater auf seinen Reisen oft von Hause abwesend war. Wenn er dann heimkehrte, waren Vater und Tochter die glücklichsten Menschen; denn Rosa war das liebliche Ebenbild ihrer Mutter, die der Vater nimmer vergessen konnte. —

„Rosa! Rosa!" rief Frau L....d mit ihrer tiefen Stimme, daß es durch das Haus schallte. „Wo kann das Mädchen sein, und warum mag nur der Vater so lange ausbleiben? Ich möchte wissen, was aus dem ganzen Geschäft würde, wenn ich nicht wäre?"

„Ich komme schon, Mutter," rief Rosa von oben aus dem zweiten Stocke des Hauses hernieder — „räumte nur im Zimmer des Vaters ein wenig auf."

„Schöne Geschichten das!" rief Frau L....b, „kommt ein Mann von Gonzales herüber, will und muß den Vater sehen in bringenden Geschäften, und der ist seit beinahe einer Woche von Hause fort, und kommt auch nicht heim. Was sollte aus allem werden, wenn ich mich nicht früh und spät abmühte."

„Nun, Mama, dann fertige doch auch den Mann ab."

„Ja freilich, Alles soll ich besorgen. Nein, ich lobe mir den Mann, der seine Geschäfte selbst erledigt."

„Der Vater ist aber doch nicht heim, und dann sollten wir ihm auch die Erholung gönnen, da er viele Jahre hart gearbeitet hat," sagte Rosa mit bebender Stimme.

„Was? Eine schöne Erholung das, wenn er mit einem Indianer die Wildnis durchstreift, nur, um eine Neuigkeit irgend wohin zu bringen. Was gehen denn ihn die politischen Händel an, oder was hat er mit Texanern, Mexikanern und Amerikanern zu thun? Sein Geschäft ist seine Erholung und seine Politik. Sodann möchte ich wissen ob Du auf Befehl des Vaters Deine Zeit in seiner Arbeits= stube vertändelst."

„O Mutter," lachte Rosa, „laß nur gut sein, und schimpfe nicht vom Morgen bis zum Abend im Hause herum."

„Rosa, mit Dir kann ich eben auch nichts anfangen. Hier handelt es sich um eine dringende Geschäftssache. Doch ich will mich nicht länger mit Dir herumärgern, geh' in den Laden und paß gut auf, daß Du die Leute gut bedienst."

„Ja, Mutter ich will Niemand betrügen, auch acht geben, daß uns kein Cent verloren gehe."

„O, Du wärest imstande, Dich für verpflichtet zu halten, das fortzugeben, was wir selbst teuer einkaufen müssen."

„Nun Mutter, da muß ich doch lachen. Was würdest Du aber mit mir anfangen, wenn ich wirklich einmal etwas verschenkte? Und doch, liebe Mutter, sage, haben wir nicht Geld und Alles genug?"

"Wieviel davon ist aber auch meinem Verdienste zuzuschreiben?" fragte die erregte Frau. "Für mich aber begehre ich nichts — Kinder habe ich auch keine; nur für Dich und Deinen Vater mühe ich mich ab vom Morgen bis zum Abend, und arbeite mir das Fleisch von den Knochen — — —"

Rosa unterdrückte ein Lächeln. Noch hatte die Mutter ein recht stattliches Aussehen, es gehörte aber mit zu ihren lieben Gewohnheiten, unausgesetzt über Arbeitslast zu klagen.

Rosa begab sich nun in den Laden, setzte sich an's Fenster und nahm eine Handarbeit vor, da augenblicklich Niemand zu bedienen war, während Frau L....b sich zu dem Manne in die Wohnstube begab.

Die Lippen Rosa's bewegten sich leise im Gesange eines Liedes. Da wurde die Ladenthür geöffnet, und ein junger Navajo=Indianer trat herein.

Beim Eintreten des befreundeten Indianers, der so plötzlich vor ihr stand und doch den Vater auf seiner Reise begleitet hatte, jetzt aber zurückgekehrt war, hielt Rosa überrascht in ihrer Arbeit inne, sprang auf und rief:

"Du bist es, Papesto? (scharfe Nase). Seid ihr endlich glücklich wieder zurück? Und wo ist der Vater?"

Dabei blickte sie durchs Fenster, um nach dem Vater zu sehen, aber ihre Augen suchten ihn vergebens; der Vater war nirgends zu erblicken. Da erfaßte sie eine bange Ahnung.

"Du bist wieder zurück, Papesto," wiederholte sie mit ängstlicher Stimme, "wo ist aber der Vater?"

Der Indianer setzte zum Sprechen an, allein der ahnungsvolle Schmerz, der Rosa's ganzes Wesen plötzlich umfangen hielt, schnürte ihm die Kehle zu. Es schien, als könne er Rosa nicht traurig sehen.

"Wann — — kommt — der — Vater — zurück?" tönte es nun von Rosa's Lippen noch einmal langsam und deutlich an sein Ohr.

"Papesto weiß es nicht," kam es stockend aus des Indianers Munde, "ich hoffe aber, daß er bald hier sein wird," setzte er hinzu.

„So habt Ihr die Reise glücklich zurückgelegt?"

„Wäre Papesto sonst hier, Rose von Texas?" gab der Indianer zurück.

„Nein, aber wo ist der Vater?" fragte sie noch einmal und angstvoller.

„Die tauschende Hand, Dein Vater, hieß mich allein zurückkehren; er wollte noch weiter, bis an das große Wasser, nach Lavaca, von wo er den weißen Häuptling, den Führer der Rangers (Grenzwächter) zum Schutze der weißen Ansiedler gegen die Comantschen herbeirufen wollte."

„Hat er Dir das gesagt, Papesto?"

„Ja, aber Deine Lippen sollen verschlossen bleiben."

„Ich verstehe, ist denn wirkliche Gefahr vorhanden, Papesto?"

„Nicht für die Rose von Texas, Papesto schützt sie," antwortete der Indianer.

Jetzt betrat auch Frau L....b den Laden und begrüßte den Indianer in freundlicher Weise, obgleich er ihr ziemlich fremd war; allein die Freundschaft, welche ihr Gatte für den Indianer hegte, machte ihn auch der Frau wert.

„Wo ist mein Gatte?" fragte Frau L....b hastig; denn der tiefernste Blick Rosa's weissagte ihr nichts Gutes.

Der Indianer teilte der Frau nun mit, was er eben der Tochter über den Verbleib des Vaters gesagt — sprach aber nur von Geschäften, nicht von den Rangers. Als er geendet, traf tiefe Stille ein. Rosa kämpfte mit dem Weinen, und beobachtete die Mutter.

„Wann kommt mein Gatte wieder heim?" fragte die Mutter.

„Wenn seine Füße dort waren, wo der Kopf hinwollte, und er alle seine Geschäfte abgethan hat."

„Geschäfte? Schöne Geschäfte das! Warum bist Du denn nicht bei ihm geblieben, Rothaut? Du hättest ihn nicht allein ziehen lassen sollen."

„Weil er mich nicht länger gebrauchen konnte. Wie kann ich seine Gedanken wissen, und wie kann eine Squaw die Gedanken eines Kriegers kennen?"

„Bei Euch Indianern nicht, wohl aber bei uns Bleichgesichtern; doch warum bist Du zurückgekehrt ohne ihn?"

„Weil Papesto noch andere Dinge zu thun hat, und nicht bleibt, wo er überflüssig ist."

Abermaliges Stillschweigen. Jetzt seufzte aber auch die Frau schwer auf, und warf einen Blick durch das Fenster auf die Straße, dann murmelten ihre Lippen: „Nein, er ist nicht da, und wird auch schwerlich wiederkommen!"

„Mutter," begann Rosa, „Deine Sorge raubt mir fast die Hoffnung den Vater wiederzusehen. Warum ließen wir ihn von uns, warum wehrten wir ihm nicht, uns zu verlassen?"

Bei den letzten Worten brach sie in ein Schluchzen aus, und vermochte ihre Thränen nicht mehr zurückzuhalten.

„Ist der Weg sehr unsicher und große Gefahr für ihn vorhanden?" fragte die Mutter den Indianer mit besorgter Stimme.

„Gelbbäuche (Mexikaner) und Comantschen haben den Kriegspfad gegen die Langmesser (Amerikaner) betreten. Sollte der „tauschenden Hand" (L....b) ein Unglück zustoßen und er in die Gefangenschaft der Comantschen geraten, wird er sich bald wieder frei machen, da er die List des Fuchses besitzt, die Comantschen aber tappige Bären sind. Die Rose von Texas braucht nicht zu weinen, da der bleiche Vater wiederkehren wird. Papesto wird ihre Thränen trocknen helfen!" sagte der Indianer sehr ernst, aber mit weicher Stimme.

„Du bist ein treuer Freund, Papesto," entgegnete Rosa schluchzend, „wir danken Dir für Deine Worte, gerät aber mein Vater in die Gewalt der Comantschen, dann vermag nur Gott ihn zu retten."

„Die Comantschen sind feige Hunde — die Navajos sind tapfere Männer. Papesto geht und wird seine roten Brüder sehen. Aber die Rose von Texas soll ihre Thränen trocknen." Nach diesen Worten verließ der Indianer die beiden Frauen, und eilte flüchtigen Fußes zum Städtchen hinaus.

Es war ein trauriger Tag, den die beiden Frauen mit einander verbrachten. Rosa weinte still vor sich hin, während die Mutter sinnend umherging. Beider Herzen lagen in den Banden einer düstern Ahnung, die sie nicht abzuschütteln vermochten, und wenn der Jugendmut Rosas je einmal flüchtig durchbrach und die Hoffnung leise ihre Schwingen erhob, schüttelte die Mutter das Haupt und ihre Lippen flüsterten: „Noch nie blieb der Vater so lange aus, und er kommt noch immer nicht."

Eine lange Nacht war vorüber. Als Rosa in der Frühe des Morgens in die Küche trat, sah und hörte sie die Mutter zum erstenmale weinen. Das starke und dem Anscheine nach so rauhe Herz, vermochte sich nicht mehr Gewalt anzuthun.

„Meine bange Ahnung wird sich erfüllen, Kind!" schluchzte die bleiche Frau, „der Vater kehrt uns nicht wieder. Die Pfade sind unsicherer, denn je — ich habe es durch die Nachbarn erfahren."

Rosa nahte sich ihr und umschlang liebkosend ihren Hals.

„Weine nicht, gute Mutter," rief sie gleichfalls unter Thränen; „denn noch dürfen wir nicht verzagen, nicht der Verzweiflung Raum geben, Gott kann ihn uns noch wieder zuführen."

„Wir werden ihn kaum lebend wiedersehen. Die roten Unmenschen durchstreifen die Wildnis, und wenn sie ihn gefangen haben, kann er ihnen nicht mehr entrinnen. Das ist allzubekannt aus vielen Beispielen, die wir täglich erleben."

„Mutter, sage so etwas nicht!" flehte Rosa, „ach, Mutter, erhalte Dich mir! Magst Du es jetzt wissen, ich habe den Vater und Dich so unaussprechlich lieb!"

Die bleiche Frau richtete sich empor, die letzten Thränen rannen über ihre Wangen, und der trockene, stechende Blick ruhete auf dem jungen Mädchen.

„Ich habe nicht geglaubt," sagte sie in leisem Tone, „daß mich Jemand auf dieser Welt lieben könne; denn ich trage ein sonderbares Herz in meiner Brust — und doch bekennst Du mir Deine Liebe, und ich glaube an die Wahrheit Deiner Worte, denn der Augenblick ist zu ernst, um eine Lüge über die Lippen zu bringen, Du liebes, gutes Kind!"

„Darum wollen wir Mut fassen, liebe Mutter, und denke Du auch ein wenig an mich — denn Du liebst mich gleichfalls, Mutter, das sagt mir mein Herz!"

„Ja, Rosa, wer sollte Dich Engelsbild, das die Indianer mit Recht „die Rose von Texas" nennen, nicht lieb gewinnen, Du herziges Mädchen."

Dabei legte sie den blonden Lockenkopf Rosas an ihre Brust, drückte sie fester an sich und Beide weinten jetzt ruhigere Thränen. — So standen Mutter und Tochter eine Weile da, bis die Bedienung des Ladens und die Geschäfte des Hauses sie wieder an ihre Arbeit riefen.

III.

Der Kampf.

Don Mauro war mit seinen Gesellen schweigend davongeschlichen, und bis zu der Stelle vorgedrungen, wo die Pferde im Grase weideten und das Feuer, um das der Amerikaner (L....b) und der Jäger sich gelagert hatten, durch das Gebüsch sichtbar wurde, als plötzlich dort unten ein Schuß knallte.

„Valgame Dios!" murmelte Don Mauro — und seine Gesellen wollten davonstürmen.

„Leise! beim Barte des heiligen Antonius!" raunte der Führer ihnen zu, und hielt sie zurück, drang aber dann selbst durch das Gebüsch, wenn auch geräuschlos und vorsichtig, doch schnell vorwärts.

Der Depeschenreiter war inzwischen mit dem Aufzäumen der Pferde längst fertig geworden, hatte sich am Ufer ins hohe Gras gelegt, und die Leinen der Pferde, um diese jeden Augenblick bereit zu haben, mit dem Knie am Boden festdrückend, damit die Hände frei blieben, mit großer Aufmerksamkeit das jenseitige Ufer beobachtet. Nichts war geschehen, das einen Eingriff seinerseits nötig gemacht hätte. Länger als eine Stunde hatte er in dieser unbequemen Stellung verharrt, als er plötzlich einen Stoß erhielt, der ihn zu Boden warf, und im nächsten Augenblick aus dem Lager drüben ein Schuß herüber fiel, dessen Kugel einen Gegenstand getroffen haben mußte, der schwer auf ihn herabstürzte. Sich von der Last befreiend und empor arbeitend, überzeugte er sich schnell, daß die beiden Pferde verschwunden waren und eine Rothaut, das Skalpmesser in der Faust haltend, blutend im Grase lag, sich aber nun schnell erhob, um den beabsichtigten Todesstoß auf ihn auszuführen. Seine Büchse lag im Grase, so daß er sie nicht zu erreichen vermochte, sein Bowiemesser wie seine Pistole steckten im Gürtel unter der Decke, in die er sich fest eingehüllt, und so befand er sich seinem Feinde fast wehrlos gegenüber. Dieser griff mit der Linken nach seinem Halse, während seine Rechte das Skalpmesser über ihm zückte. Im nächsten Augenblick mußte der Todesstoß erfolgen. Da galt es, schnell zu handeln. Mit Aufwendung all seiner jugendlichen Kraft und Gewandtheit gab er dem Indianer, ehe dieser sich versah, einen solchen Stoß oder Tritt vor den Leib, daß er ächzend und stöhnend zusammenbrach.

Jetzt griff er schnell nach Büchse und Messer, während seine Augen sich nach andern Feinden umsahen. Aber auf dieser Seite des Flusses entdeckte er nichts, desto mehr zog ein Geräusch jenseits desselben seine Aufmerksamkeit auf sich. Drüben im Lager lag M. L....b am Boden und der Jäger kniete ihm auf der Brust im Begriff, ihm das blitzende Messer in die Kehle zu stoßen. In demselben Augenblick, als L....b die bereitliegende Büchse auf den Indianer jenseits des Flusses abgefeuert, um das bedrohte

Leben seines Gefährten zu retten, hatte sich der Mexikaner auf ihn geworfen und ihn entwaffnet.

Es war ein fürchterliches Ringen — ein Ringen ums Leben; — Beide wälzten und kugelten sich, in einander verschlungen, am Boden herum — indeß nur kurze Zeit — dann lag M. L.... b zu unterst, wo er von der eisernen Faust seines Gegners niedergehalten, liegen blieb. Es war ihm nun völlig klar, daß er seinem Gegner erliegen mußte. Aber das sichere Auge und die feste Hand D.... manns sandte noch im letzten Augenblick die tötliche Kugel herüber, die den Gegner zu Boden streckte. Der Schuß knallte, und mit einem letzten Aufschrei rollte der Jäger den Abhang hinunter und verschwand in den tosenden Wellen des Flußes. L.... b stand nun schnell auf seinen Füßen, ebensoschnell faßte er seine Büchse, und eilte dem Uebergange zu, um auf den Felsblöcken den Fluß zu überschreiten, und zu seinem Gefährten zu gelangen. Da aber erschienen neue Feinde. Aus der Dunkelheit traten ihm zwei Gestalten entgegen in demselben Augenblick, als er den Fuß auf einen Felsblock setzen wollte. Don Mauro und seine Genossen schnitten ihm den Weg ab, und ehe er sich recht zu besinnen vermochte, fühlte er schon das kalte Eisen des Bowiemessers, das einer der Feinde aus der Entfernung weniger Schritte auf ihn geschleudert, in seinen rechten Arm dringen. Dabei glitt er aus und sank in die Knie. Um nicht im Wasser zu versinken, erfaßte er schnell einen Busch, der ihn allein noch von den Wellen trennte. Nur langsam konnten die Feinde auf dem schmalen schlüpfrigen Wege in der Dunkelheit bis zu ihm vordringen, obgleich sie sich gern sofort auf ihr Opfer gestürzt, und ihm ein schnelles Ende bereitet hätten.

Da rauschte es in den Büschen. Zwei andere Mexikaner brachen aus dem Dickicht, deren einer eine Fackel trug, um den Kampfplatz zu beleuchten.

Nur weniger Minuten hatte es bedurft, um alle diese Ereignisse herbeizuführen. Der Depeschenreiter hatte die Situation nun auch schnell erfaßt. Sich um den wehrlos gemachten Indianer, der bereits in den letzten Zügen lag, nicht weiter kümmernd, sprang er mit Todesverachtung nach dem Uebergang, und eilte von Felsblock zu Felsblock, um den Freund zu retten. Ein Schuß, vom jenseitigen Ufer auf ihn abgegeben, sollte seinem weiteren Vordringen ein Ziel setzen. Die Kugel pfiff an ihm vorüber, er fühlte sich nicht verletzt, und da nun auch gleichzeitig Don Mauro von der andern Seite ihm entgegensprang, offenbar in der Absicht, ihn durch einen Zusammenprall in den Fluß zu stürzen, so kam ihm D.... mann zuvor. Er hemmte seinen Lauf, faßte auf einem niedrig liegenden Felsstück Posto, und erwartete, sich fest auf seine Füße stellend, den Feind. Die Schußwaffe in Anwendung zu bringen, war keine Zeit; den Feind von der höheren Felsplatte herabzustürzen, war unmöglich; so erwartete er denn den Anlauf seines Gegners. Dieser erfolgte im nächsten Augenblick. Der Stoß war gewaltig, der Deutsche sank in die Knie, Don Mauro aber, von dem furchtbaren Anprall ins Wanken gebracht, verlor das Gleichgewicht, stürzte am Rande des Felsens, und rollte in die Flut hinab. Der Stoß, den er mit dem Messer nach dem Depeschenreiter geführt, hatte diesen nicht verletzt. Die Mordwaffe war in seiner dicken Decke hängen geblieben, fiel klirrend auf den Felsen, und dann ihrem Besitzer nach in den Fluß.

D.... mann sprang auf. Abermals pfiff die Kugel eines zweiten Schusses an ihm vorüber; die herrschende Dunkelheit schien sein Leben schützen zu wollen, so daß er das andere Ufer glücklich erreichte. Da naheten die beiden letzten Feinde. Der Fackelträger kam mit seinem Gefährten heran, aber die Büchse des Depeschenträgers lag schon wieder im Anschlage. Erschrocken wichen die beiden Mexikaner in das Dickicht zurück, und im nächsten Augenblick schmetterte D.... manns letzter Schuß den Fackelträger darnieder. Der brennende Ceterspahn entfiel seiner Hand, und begann allmählich zu erlöschen, aber noch ehe die Flamme völlig verging, stand der Deutsche schon bei seinem Gefährten.

Er fand ihn infolge des fürchterlichen Ringkampfes und des reichlichen Blutverlustes völlig erschöpft, versuchte aber trotzdem mit ihm das jenseitige Ufer zu erreichen. Sie kamen nur langsam vorwärts, wobei ihnen in diesem entscheidenden Moment jedoch zu statten kam, daß die Mexikaner ihre Schüsse weggegeben hatten. — Endlich hatten sie das jenseitige Ufer erreicht, wo der hülflose Verwundete sich hinter einem Busche im hohen Grase verbarg und der Depeschenreiter eilig seine Büchse wieder lud. Ein neuer Angriff erfolgte jedoch nicht; die Mexikaner waren der Meinung, daß den Fremdlingen aus einem Hinterhalte Hülfe gekommen sei, und suchten nun ihr Heil in eiliger Flucht. Dadurch gewann D.... mann die Zeit, die Wunde seines Freundes zu untersuchen, und fand, daß das Messer tief in den Oberarm eingedrungen war. Schnell verband er die Wunde so gut es eben gehen wollte, reichte dem ermatteten Gefährten aus seiner Flasche einen stärkenden Trunk, und Letzterer hatte sich auch dann bald wieder soweit erholt, daß sie sich anschicken konnten, die Pferde zu suchen; denn ohne diese stand ihr Leben noch immer auf dem Spiele.

Da sie vor einem etwaigen Feuer der Mexikaner auf der Hut sein mußten, krochen sie auf Händen und Füßen im Grase vorwärts, wobei sie bald auf den völlig erkalteten und steif gewordenen Leichnam des Indianers stießen. Nicht weit von diesem fanden sie die Lederriemen, woran die Pferde gebunden gewesen, deren Enden aber an Sträuchern befestigt waren. Der schlaue Indianer hatte sie zerschnitten, die Enden aber, welche früher um den Hals der Pferde geschlungen waren, an schwankende Reiser gebunden, wodurch die Rothaut den Weißen in der Täuschung erhielt, die Tiere seien noch daran befestigt, obgleich er sie bereits entführt hatte, und sich dann anschickte, das Bleichgesicht zu überfallen. Wie die Kugel L....b's ihn dabei ereilte, haben wir bereits gehört.

D.... mann nahm die Lederriemen an sich, tastete mit den Händen nach der von den weggetriebenen Pferden zurückgelassenen Spur, und fand bald einen Fleck niedergetretenen Grases, wo, wie die beiden Männer vermuteten, der Indianer sein Pferd angebunden zurückgelassen hatte, noch ehe er den Depeschenreiter überfiel. Langsam weiter kriechend, folgten sie der Spur der Pferde noch etwa zwei englische Meilen flußabwärts, bis sie endlich auf einen ausgetretenen Wildpfad stießen, der nach der Fuhrt führte, von der wir schon einmal redeten. Offenbar hatte man die Tiere über das Wasser gebracht; wollten die Männer wieder in den Besitz derselben gelangen, so mußten sie den Durchgang wagen. Dazu fühlte L....b sich aber völlig außer Stande, zumal der Fluß hoch angeschwollen war, und das Wasser reißend dahin schoß. Jenseits glimmte in der von L....b bezeichneten Höhle ein erlöschendes Feuer — es war das Lagerfeuer der Mexikaner, von wo aus der zweite Jäger sie zur Hülfe herbeigerufen. Von Menschen war nirgends eine Spur zu entdecken; jedenfalls waren die Mexikaner noch nicht wieder dahin zurückgekehrt. Die Stille der Nacht wurde durch nichts unterbrochen — nur der hochangeschwollene Strom rauschte, sonst ruhte die Wildnis in nächtlicher feierlicher Stille. D....mann mußte den Durchgang wagen, obgleich der Freund ihn ungern allein gehen ließ.

Da horch! ein Schnauben und Stampfen von Pferden jenseits des Flusses.

„Sie sind hinter dem Felsen versteckt," sagte L...b zu seinem Gefährten, „aber der Durchgang durch den reißenden Fluß ist mit Lebensgefahr verbunden."

„Was soll aber ohne unsere Pferde aus uns werden?" fragte der Deutsche, „so oder so verloren, ist alles eins. Haltet nur gute Wache!"

Damit warf er sich in die Flut, die ihm schon nach wenigen Schritten bis unter die Arme reichte.

Mit gewaltigen Anstrengungen gegen den reißenden Strom kämpfte er sich durch das tiefe Wasser, bis er endlich das jenseitige Ufer erreicht hatte. Es war eine harte Arbeit gewesen, und nachdem er sich dann einige Minuten Erholung gegönnt, tappte er zwischen der Menge der Felsstücke, die am Ufer zerstreut lagen, herum. Es dauerte eine geraume Zeit, bis er die beiden Pferde neben der Höhle angebunden fand — auch das Pferd des roten

Häuptlings stand dabei. Nun band er die drei Tiere los, und versuchte sie durch den Fluß zu bringen. Es war eine mühevolle Aufgabe, da die Pferde oft scheuten. Endlich hatte er aber das jenseitige Ufer mit ihnen doch erreicht, und fand den Gefährten ziemlich gekräftigt und munter, seiner Rückkehr harrend, vor. Jetzt wurde die tiefe Fleischwunde des Freundes noch einmal untersucht, ein neuer Verband angelegt, und nachdem sich Beide durch Speise und Trank gestärkt, beschlossen sie, die Reise nach Cuero ungesäumt anzutreten. Der Depeschenträger half dem verwundeten Gefährten in den Sattel, bestieg selbst sein Tier und so ritten sie eilig durch die Wildnis davon. Sie folgten dem Flusse abwärts; und nach einem raschen Ritt, den sie ohne Aufenthalt fortsetzten, erreichten sie Cuero noch im Laufe des Vormittags.

Mit welcher Freude die Ankunft des schon halb verloren gegebenen Vaters von Mutter und Tochter hier begrüßt wurde, können wir uns leicht denken. Hatten sie doch schon viele Thränen um ihn vergossen, und ihn als tot beweint, und jetzt hatten sie ihn lebend wieder, wenn er auch eine häßliche Wunde aus dem ungleichen Kampfe mit heimbrachte. Auch unserm tapferen Depeschenreiter, ohne dessen treue Hülfe der Kampf wohl einen viel schlimmeren Ausgang genommen, wurde ein herzlicher Empfang von den beiden Frauen zuteil, und die Stunden der Erholung, die er hier genoß, blieben ihm unvergeßlich. Aber nur kurze Zeit durfte er im Hause seines neuen Freundes verweilen, denn sein Dienst erforderte schleunigen Aufbruch und eiligen Fortsetzung der Reise. So schied er denn schon nach wenigen Stunden Aufenthalt wieder von der lieben Familie, um seine Postsachen und die Depeschen L....ds nach San Antonio zu übermitteln Sein Weg war ein überaus gefahrvoller, da er vor Feinden — Rothäuten und Mexikanern — keinen Augenblick sicher war. Er mußte ihn aber antreten, weil er das Amt eines Depeschenreiters nun einmal übernommen hatte.

„Hätte ich Euren persönlichen Mut und Eure Geistesgegenwart nicht kennen gelernt, Freund D....mann, dann

würde ich Euch raten, nicht ohne Bedeckung die gefährliche
Reise zu unternehmen, so aber bin ich doch in guter Zu=
versicht, daß Ihr Euch Eurer Haut schon wehren werdet,"
meinte sein älterer Freund L....b.

„Das will ich vorkommenden Falles wenigstens ver=
suchen — und dann, M. L....b, Gott verläßt einen
tapferen Deutschen nicht," erwiderte der junge Mann wohl=
gemut.

„Nein, nein! Möge Gott Euch denn geleiten, daß
ihr uns glücklich wiederkehrt. Und nochmals herzlichen
Dank, denn ohne Euch läge ich wohl jetzt nicht hier lebendig
auf meinem Lager."

„Ich that nur meine Pflicht, wie Ihr auch, als Ihr
mir den Indianer vom Halse hieltet. Und nun gehabt
Euch wohl, und pflegt Eure Wunde, damit ich Euch ge=
heilt wiederfinde!"

Von den herzlichsten Segenswünschen der drei lieben
Menschen begleitet, machte sich der junge Deutsche auf den
Weg, und sprengte unter Abschiedwinken fröhlich und wohl=
gemut zum Städtchen hinaus.

IV.

Die Rettung.

Zunächst traf unser Depeschenreiter auf seinem Wege
noch auf vereinzelt wohnende Farmer; manche von ihnen
waren Deutsche und bewirtschafteten ihre Besitzung sehr
gut. Die Leute waren sehr in Sorgen wegen der Indianer
und der mit ihnen befreundeten Mexikaner. Einige
meinten, er würde nicht lebendig nach San Antonio ge=
langen.

Dann wurde die Gegend wilder und einsamer. Spät in der Mondscheinnacht langte er unangefochten in der Poststation Helena an. Hier wechselte er sein Pferd und ritt, dem Laufe des Antonioflusses folgend, nach der Niederlassung Flores, wo er glücklich ankam, und seine Postsachen ablieferte. Jetzt war er nur noch 40 Meilen von San Antonio entfernt. Er hatte also über $^2/_3$ der gefahrvollen Tour, ohne daß ihm Außergewöhnliches begegnet war, zurückgelegt, und langte am Abend des nächsten Tages auch glücklich und ungefährdet in San Antonio an.

Was er hier von dem alten Kommandanten J. H.... erfuhr, war ihm eigentlich nicht mehr neu, da er es teilweise von L....b schon gehört.

Da Mexiko den Verlust Texas nicht verschmerzen konnte, obwohl dessen Unabhängigkeit im Jahre 1835 proklamiert, von Mexiko freilich nicht anerkannt worden war, so beabsichtigten die Mexikaner vom Rio Grande aus einen heimlichen Einfall in Texas. Sie wollten bis nach San Antonio und von dort noch weiter vordringen, ohne daß die Texaner auch nur im Geringsten auf einen derartigen Ueberfall vorbereitet sein sollten. Der alte Kommandant in San Antonio hatte aber von der Absicht des Feindes Kenntnis erhalten, und überall hin seine Kundschafter ausgesandt. Zu diesen gehörte auch der Kaufmann L....b in Cuero, dessen Depeschen der Postreiter dem alten Kommandanten eingehändigt.

„Mein lieber, junger Freund!" sagte der alte J. H... zu dem Postreiter, „jene sechs Räuber waren, wie Ihr nunmehr selbst einsehen werdet, keine Räuber; sie waren eine jener zahlreichen Streifpartien, welche der Feind nach verschiedenen Richtungen absandte, teils, um alle Gerüchte von der etwaigen Annäherung des Feindes tot zu machen, und falsche Berichte in Umlauf zu setzen, teils, die feindlich gesinnten Comantschen vom Norden her zu einem Einfall in unser Land zu veranlassen. Ihr seht, daß L....b nicht aus Vorwitz gehandelt, und dabei jener Streifpartie in die Hand gefallen ist. Jene hatten einen Indianerhäuptling bei sich, einen alten, geübten Pfadfinder, und sämtliche

Leute waren außerordentlich wachsam; er hätte ihnen nicht entgehen können. Entweder mußte er, um nicht von ihnen eingeholt zu werden, da er ein müdes Pferd hatte, irgend wo eine Nachtruhe halten, wo sein Pferd Rast und Weide fand, oder er mußte in ihrer Nähe sein Lager aufschlagen um am nächsten Morgen ihren Pfad zu kreuzen und ihnen zuvor zu kommen. Da er die beiden Jäger nicht schlau genug hielt, ihn zu überlisten, so begab er sich in ihr Lager und rechnete dabei auf Euren Beistand, falls es zum Kampfe kommen sollte. Daß Ihr Eure volle Schuldigkeit gethan habt, ersehe ich aus dem Briefe, den er seiner Frau in die Feder diktiert, und den sie an mich auf sein Geheiß geschrieben, da er selbst nicht schreiben konnte und den sie den Depeschen beigefügt. Ich danke Euch, mein junger, braver Freund, und werde Euch den Dienst, den Ihr dem Lande geleistet, nicht vergessen!"

Damit verabschiedete er den Depeschenreiter, und dieser schickte sich an, mit den ihm übergebenen Briefen den Rück= weg anzutreten.

Früh am Morgen verließ er auf frischem Pferde San Antonio und trat den Rückweg an, der diesmal über die Poststationen Seguin und Gonzales nach Cuero führte. Von Cuero aus beabsichtigte er seine Tour über Victoria und dann nach Lavaca — der letzten, von wo er ausge= gangen — fortzusetzen, alle ihm übergebenen Postsachen auf den Zwischenstationen abzuliefern und neue in Empfang zu nehmen.

Der Weg, den er zwischen San Antonio und Seguin zu passieren hatte, war im Präriegras nur ange= deutet durch einige Radspuren, sowie hier und da durch Schädel und Gerippe von Zugochsen, Maultieren und Pferden.

Es war wieder Abend geworden, als er in Seguin glücklich ankam, und schon am nächsten Morgen brach er wieder in aller Frühe nach Gonzales auf, das er am Abend erreichte. Nun konnte er am nächsten Tage den Ritt nach Cuero fortsetzen, wo er, wie er wußte, freundliche Aufnahme fand. Es kam ihm sonderbar vor, daß er auf dem ganzen,

langen Wege durch die Wildnis auch nicht die geringste
Spur von irgend einem Feinde entdeckt hatte. Ueberall
wohin er kam, erschraken die Leute, daß er Depeschenreiter
sei, und allein durch die Wildnis ritt. Sein Vorgänger
in diesem Amt war zweifellos von den Comantschen er=
schossen worden, und dann hatte Niemand geglaubt, daß
sich ein Nachfolger in so gefährlicher Zeit finden werde.
Aber unser junger deutscher Held hörte das an, stärkte sich
durch Speise und Trank, bestieg dann ein frisches Pferd
und galoppierte weiter.

Derart war also sein Dienst als Depeschenreiter der
Ueberlandspost im südwestlichen Texas beschaffen.

Bis in den Septembermonat hinein machte er fünfmal
die Tour zwischen San Antonio und Lavaca, am mexika=
nischen Golf hin und zurück, wobei er jedesmal in Cuero
bei seinem Freunde L....b Einkehr hielt und von den
lieben Menschen herzlich willkommen geheißen wurde. Hier
verlebte er denn auch die glücklichsten und fröhlichsten Stunden
seines gefahrvollen Lebens und hatte die Freude zu sehen,
wie die Wunde des älteren Freundes heilte und dieser nun=
mehr seinen Arm schon wieder tapfer gebrauchen konnte.
Von den Rothäuten war er bis jetzt unbehelligt geblieben,
ein Glück, worüber alle Leute staunten. Dann aber kam
es anders und zwar so, daß er sich wundern mußte, seinen
Haarbüschel noch auf seinem Kopfe zu finden. Auf seiner
Rückreise von San Antonio begegnete ihm zwischen Seguin
und Gonzales der von einem Dutzend Rangers (Grenz=
wächtern) und ihrem Führer Pearson geleitete Postwagen,
welcher Passagiere nach dem Westen brachte. Die Rangers,
die als Bedeckung die Reisenden bis nach der nächsten Station
geleiteten, waren selbstverständlich gut bewaffnet, ebenso auch
die Passagiere. Der Führer der Rangers berichtete unserm
Depeschenreiter, daß sie weder Indianer noch Mexikaner
gesehen hätten, daß aber die Straße keineswegs so sicher sei,
wie es den Anschein habe.

Spät am Abend erreichte er Gonzales, die kleine
Station am Guaduloupeflusse. Hier nahm man ihm die
Postsäcke ab, und am nächsten Tage am späten Nachmittag

befand er sich in der Nähe des Städtchens Cuero, wo er
wieder ein frisches Pferd erhalten sollte und auf ein gutes
Nachtquartier bei seinem Freunde L....b sich freuen durfte.
Um seinen ausgezeichneten kräftigen Mustanghengst that es
ihm fast leid, da er das Tier abgeben sollte. Er ritt
durch eine Waldinsel der Poststation Cuero zu, um hier
zunächst seine Postsachen abzuliefern. Von dieser Seite
kommend, verdeckte ihm das Wäldchen die Niederlassung so
vollständig, daß er nichts davon sehen konnte. Dabei kam
ihm aber ein so sonderbarer Brandgeruch entgegen, den der
Windhauch ihm zutrug, daß ihm unheimlich zu Mute wurde.
Er hielt sein Pferd an. Eine unheilvolle Ahnung überkam
ihn, die denn auch bald zur unzweifelhaften Gewißheit werden
sollte. So angestrengt er auch lauschte, kein Geräusch, kein
Hundegebell, nichts derartiges konnte er vernehmen. Toten=
stille herrschte ringsum.

„Um Gotteswillen, was ist da geschehen?" flüsterte er
besorgt vor sich hin. Dann ritt er schnell nach der Post=
station weiter, und was er nun sah, erfüllte ihn mit Grauen
und Entsetzen. Nur einen rauchenden Trümmerhaufen er=
blickte sein Auge. Die Sonne war noch nicht zur Rüste
gegangen, und so konnte er einen weiteren Blick um sich
werfen. Aber statt des Städtchens mit seinen paar Dutzend
Bretterhütten erblickte er eine rauchende Trümmerstätte vor
sich. Die Ansiedelung war von den wilden Comantschen
überfallen und durch Feuer zerstört worden. Er sah die
Leichen der im Kampfe gefallenen Ansiedler und Indianer
umherliegen. Was war aber aus den übrigen Bewohnern
des Städtchens geworden? Hatten sie sich noch vor der
herannahenden Gefahr flußabwärts nach Victoria gerettet,
oder waren sie in die Gefangenschaft der Rothäute geraten?
Und was war vor allen Dingen aus seinen Freunden ge=
worden, aus Vater, Mutter und der lieblich blühenden Rose
von Texas?

Er sah die skalpierten Leichen. Offenbar waren die
Bewohner der kleinen Ansiedelung nach langer, heldenmütiger
Gegenwehr der Uebermacht der Rothäute erlegen. — An
die Stelle gelangt, wo der Store (Kaufladen) seines Freundes

gestanden, entdeckte er nichts von einer Leiche, auch nicht einmal die eines Indianers. Wo waren die lieben Menschen geblieben? Hatten die Männer den Tod gefunden, so waren jedenfalls die Weiber, Mädchen und Kinder, also auch die Mutter Rosas und das liebliche Mädchen selbst in die Gefangenschaft der Indianer geraten. Sein Pferd konnte der Depeschenreiter auch nicht wechseln, denn die Pferde der Station waren von den Rothäuten mit hinweggeführt. Zum Glück war sein Mustanghengst ein ausgezeichneter Renner — einer der vorzüglichsten der Prärie — und ein Tier, das fast nie zu ermüden war.

Traurig und gesenkten Hauptes übersah er noch einmal die Brandstätte, wo noch kurz zuvor so fröhliches Leben zu finden gewesen und nun Totenstille herrschte, — als plötzlich leises Schluchzen und Weinen an sein Ohr drang. „Barmherziger Himmel, Rosa, Du liebes, gutes Kind, bist Du es? Wo bist Du denn, mein Mädchen?" rief er im höchsten Grade überrascht.

Da kam das liebliche Mädchen wirklich zum Vorschein. In einer mit Steinen ausgemauerten Cisterne, die aber glücklicherweise völlig ausgetrocknet war, da es seit Wochen nicht geregnet, hatte sie, von den herabfallenden Brettern verdeckt, sich in der Stunde der Angst und Gefahr geflüchtet und Schutz und Sicherheit gefunden. Man hatte anfänglich versucht, das Feuer zu löschen, beim Zusammenbruch des Hauses waren dann die nassen Bretter auf die Oeffnung der Cisterne gefallen und vom Feuer verschont geblieben. Und doch hatten die Bretter auch noch eine Oeffnung gelassen, groß genug, um den schlanken Leib Rosas hindurch zu lassen. Nun stand sie vor dem Depeschenreiter und erzählte ihm jammernd die schauerlichen Einzelheiten des gräuelvollen Indianerüberfalles.

„Wie groß war die Zahl der Comantschen?" fragte der Depeschenreiter.

„Wohl über hundert," antwortete Rosa.

„Nach welcher Richtung hin zogen sie ab?"

„Nach Norden."

„Und was ist aus Deinem Vater geworden?"

„Die Indianer schleppten ihn mit hinweg."

„Und die Mutter?"

„Ich weiß es nicht, glaube aber, daß sie noch kurz zuvor, ehe die Indianer hier ankamen, mit den andern nach dem Flusse entfloh."

„Warum entflohst Du nicht mit ihr?"

„Weil ich den Vater nicht verlassen wollte."

„Und warum blieb der Vater hier, da er doch das Ende des unglücklichen Kampfes voraussehen mußte?"

„Er wollte sein Eigentum schützen."

„Wie viele Männer haben noch vor dem Kampfe das Städtchen verlassen?"

„Nur soviel, als zur Fahrt stromabwärts nötig waren, um die Frauen und Kinder nach Victoria zu bringen."

„Waren am Flusse Fahrzeuge genug vorhanden, um sie alle aufzunehmen?"

„Ich glaube wohl, da man sich schon lange auf eine derartige Flucht vorbereitet hatte."

„Du hast thöricht gehandelt, Rosa, daß Du nicht mit der Mutter gingst."

„Kann wohl sein, aber ich konnte den Vater nicht verlassen."

„Und nun mußt Du doch ohne ihn sein."

„Ja, aber ich werde ihm folgen, wenn er nicht wiederkehrt und mich abholt, wie er es mir versprochen."

„Wußte er, daß Du Dich an jenem Orte versteckt hattest?"

„Ja, er selbst schickte mich dorthin — da ich ihn nicht verlassen wollte, und befahl mir, nicht früher zum Vorschein zu kommen, als bis er mich abholen würde. Als Ihr ankamt, meinte ich, es sei der Vater."

„Nun, Rosa, Du kannst dem Vater jetzt nicht folgen, sondern mußt mit mir gehen, mein Kind. Wir müssen die Richtung nach Süden einschlagen, um nicht mit den Rothäuten zusammenzutreffen."

Er war abgestiegen, hatte sein Pferd am Brunnen getränkt und sich etwas verschnaufen lassen. Mit Recht besorgte er, daß die Rothäute, wenn auch in geringerer An=

zahl, zurückkehren würden, um ihre Toten mitzunehmen. Von langer Dauer durfte also sein Aufenthalt an der Unglücksstätte nicht sein. Er schwang sich wieder in den Sattel und sagte:

„Rosa, Du kannst weder Deinem Vater folgen, noch hier bleiben. Ich werde Dich zu der Mutter nach Victoria bringen, vorausgesetzt, daß wir sie dort finden. Willst Du mit mir gehen?"

Rosa war verständig genug einzusehen, daß dies der einzige Weg sei, den Rothäuten zu entgehen, falls sie zurückkehrten, ihre Toten zu holen. Sie widerstrebte nicht. So hob er sie denn empor und setzte sie vor sich auf den Sattel. Schnell verließ er nun mit ihr die Stätte des Unglücks und trabte nach Süden auf die freie Prärie hinaus. Er kam an mehreren wunderschönen Inseln, den herrlichsten Pekons-, Pflaumen-, Pfirsichbäumen-Inseln vorbei. Diese Bauminseln hatten, sowie überhaupt die Wälder in Texas, das Eigentümliche, daß ihre Baumarten nicht gemischt, sondern gewöhnlich ganz rein in ihren Baumschlägen waren. Selten traf man eine Insel mit zweierlei Baumschlägen. Wie die verschiedenen Tiere des Waldes sich zu einander halten, so halten sich hier Lebenseichen zu Lebenseichen, Pflaumen zu Pflaumen, Pekons zu Pekons — nur die Rebe ist in allen gemeinsam. Sie verwebt, umschlingt sie alle mit ihren zarten und doch kräftigen Banden. Da diese Inseln nie sehr groß sind und wenig Gesträuch, stets aber das herrlichste Grün zum Fußteppich haben, so erscheinen sie so frisch, so rein, daß man sich darüber verwundern muß. Freilich giebt es auch Ausnahmen von dieser allgemeinen Regel.

Hier und da erschien ein Rudel von Hirschen, die den Reiter mit ihren treuen Augen anschauten und erst, wenn derselbe näher kam, ausbrachen.

So ritt denn unser Depeschenreiter mit seiner lieblichen Last weiter. Die Septembersonne neigte sich zum Untergange, als der Deutsche etwa sechs englische Meilen vorwärts gekommen war. — Da schmiegte sich Rosa plötzlich dicht an ihn und umklammerte ihn mit ihren Armen, indem sie, zitternd vor Furcht, ihm zuflüsterte: „Da sind die Indianer! O weh! sie verfolgen uns!"

Erschrocken blickte der Depeschenreiter sich um. Hinten am Horizont entdeckte er eine, allerdings nicht große Schar Rothäute, die aber im rasendsten Galopp seiner Spur folgten. Jetzt galt es, so schnell als möglich den Fluß zu erreichen, wo er möglicherweise auf eine Pflanzung stoßen konnte, die von den Indianern verschont geblieben. Er durfte nur dem Laufe des Flusses folgen, so mußte er an Häuser oder Pflanzungen gelangen, wo er wenigstens für Rosa auf Schutz hoffen durfte. Die Schnelligkeit und Ausdauer seines Mustanghengstes mußte sich nun erproben. Er stieß dem Tiere die großen Sporen in die Weichen. Erschrocken bäumte sich das Pferd im ersten Augenblick hoch auf, schlug aber dann einen so rasenden Galopp an, daß es über die Prärie dahinflog und seinen Reiter, an den sich Rosa fest anklammerte, wie im sausenden Sturmwind davontrug. Es war ein halsbrecherischer Ritt, denn nun galt es das Leben zu retten.

Aber auch die Comantschen waren kühne und gewandte Reiter. Gegen ihre Kühnheit im Reiten, gegen ihre Geschicklichkeit darin, sind selbst diejenigen, welche sich Kunstreiter nennen, nur Stümper. Oft hängen sie nur auf einer Seite des Pferdes, besonders dann, wenn der Feind von der entgegengesetzten Seite seine Geschosse auf sie richtet. Ihre Pferde sind so trefflich geschult, daß sie niemals das Gleichgewicht verlieren, sondern in dem Augenblicke, da der Körper des Reiters sich auf die linke Seite legt, mit ihrer ganzen Schwere sich auf die rechte Seite neigen, um die Balance zu erhalten. So auch bleiben sie in dem Galopp, in welchem sie waren, als der Reiter auf dem Rücken saß, und sie machen diesen Galopp so gleichmäßig, so taktmäßig, daß es dadurch möglich wird, vom Pferde aus zu schießen. Gern bedient sich hierzu der Comantsche des Feuergewehrs, doch niemals ist er nur mit diesem allein bewaffnet. Der Pfeil oder die Kugel verfehlen auch im rasendsten Galopp fast niemals ihr Ziel.

Nach einer Viertelstunde bemerkte der Deutsche, daß seine Verfolger sich ihm erheblich genähert hatten. Wie konnte es auch anders sein, da ihre Pferde ausgeruht waren und sein tapferer Hengst nicht. Dazu kam die doppelte Last, die sich eben seinem schnelleren Vorwärtskommen doch als hinderlich erwies. Daß dabei an ein Entrinnen nicht zu denken war, war ihm leider zu gewiß. Was sollte er thun? Sich der teuren Last entledigen, um nur das eigene Leben zu retten? Nein, nimmermehr! Diese kleine, süße Rose von Texas durfte nicht lebendig in die Hände der Unmenschen fallen. Wenn es denn nicht anders sein konnte, so wollte er lieber sterben und bis zum letzten Atemzuge das Kind seines Freundes und die ihm anvertrauten Depeschen verteidigen. — Immer mehr verringerte sich der Zwischenraum, der ihn von seinen Verfolgern noch trennte. Er hörte ihr wütendes Geheul, die Hufschläge, das Schnaufen ihrer Pferde, während sein tapferer Hengst über und über mit Schaum bedeckt war, seine Nüstern dampften, seine Weichen bluteten und es unter ihm zitterte und bebte.

Jetzt erblickte er dort vor sich eine Insel, von Lebenseichen bestanden, ein Bächlein floß hindurch und wurde am Rande sichtbar.

„Sei es denn in Gottes Namen!" murmelte er; „dort werde ich wohl mein Grab finden; denn weiter kann das treue Tier uns unmöglich tragen; es muß im nächsten Augenblick zusammenbrechen. Aber wie? Soll ich mich lebendig in die Hände dieser roten Unmenschen überliefern? Mag's denn also sein, aber das Mädchen bekommen sie nicht, vor einem solchen entsetzlichen Schicksal will ich sie bewahren und wenn ich sie — — —", er vollendete den schrecklichen Gedanken nicht — —, „ja, wenn ich sie — dann will ich auch mich — —". Er griff nach seinem Bowiemesser! — Aber bis zu diesem verzweifelten Ende sollte es nicht kommen. Schon war er bis in die Nähe des Wäldchens gelangt — da hörte er plötzlich eine menschliche, und wie es schien, ihm nicht ganz unbekannte Stimme. Aus der Erde schien sie zu kommen — dem hohen Grase zu entsteigen — gedämpfte — Worte. Zu seiner höchst freudigen Ueberraschung drangen gleich darauf die Kommandoworte an sein Ohr:

"Fertig! Achtung! Feuer!"

Die Schüsse krachten und ein wohlgezieltes Gewehrfeuer streckte die nichts Böses ahnenden, heranstürmenden Rothäute nieder. Zwölf bis vierzehn Reiter sanken getroffen von ihren Pferden, und im nächsten Augenblick erhoben sich aus dem hohen Grase die rettenden Schützen.

"Zum Angriff! Drauf Kameraden für Texas!" ertönte nun das laute Kommando, und ein paar Reitertrupps stürmten aus dem Dunkel des Wäldchens hervor, die Rothäute teils umzingelnd, teils die schon Fliehenden verfolgend. Es wurde eine kleine Schlacht und dann eine grausige Jagd. Was von den Rothäuten nicht glücklich entkam, wurde niedergehauen; denn die Rangers mit ihrem Führer Pearson gaben den Indianern keinen Pardon.

"Sieh! Sieh! Unser Depeschenreiter und die Rose von Texas," riefen die Männer dem tapferen, jungen Deutschen zu, nachdem die Indianer von ihnen besiegt und die beiden Ankömmlinge aus der fürchterlichen Lebensgefahr gerettet waren. Pearson verfolgte die Fliehenden, brachte mit seinen Leuten eine Anzahl erbeuteter Pferde ins Lager zurück und reichte jetzt dem wackeren Deutschen die Hand.

"Das habt Ihr gut gemacht, Freund D.... mann, daß Ihr die kleine Rose von Texas mit Gefahr Eures eigenen Lebens in Sicherheit zu bringen versuchet. Alle Wetter, wie kamt Ihr aber auch dahergebraust. Euer Pferd muß ein ganz vorzüglicher Renner sein!"

"Das ist es — ja; und „gut gemacht?" — Was wäre wohl aus uns geworden, wenn Ihr nicht an dieser Stelle gewesen wäret? Der brave Hengst hätte uns nicht weiter tragen können, und dann — — —"

"Nun, dann hättet Ihr Euer schönes Haupthaar hergeben müssen, und die Rose hätten die roten Halunken mit hinweggeschleppt und sie später einem Indianer zum Weibe gegeben; vielleicht wäre sie sogar die Frau des jungen Häuptlings geworden, denn diese roten Kerle haben auch

Augen für die Schönheit eines weißen Mädchens; das wäre alles gewesen, weiter wäre nichts geschehen."

"Gottlob, daß es soweit nicht kam; und Dank Euch, Mr. Pearson, und Euren braven Leuten für die Hülfe im letzten, entscheidenden Augenblick; das war Hülfe in der Not."

"Wir thaten nur unsere Pflicht als „Grenzwächter" und freuen uns, daß wir den roten Schelmen wieder einmal einen tüchtigen Denkzettel anhängen konnten. Doch wie kamt Ihr mit der Rose zusammen?"

"Das erzähle ich Euch nachher." Damit war die Sache vorläufig abgethan.

Man lagerte sich nun an einem Feuer und ließ sich's wohl sein. Die Rangers hatten nicht einmal einen Verwundeten aufzuweisen.

Jetzt erzählte der Depeschenreiter sein Abenteuer, und wie er die Poststation Cuero vollständig verwüstet gefunden habe. Da blickten die Männer mitleidig die liebliche Rosa an, und der Führer sprach: „Armes Mädchen, Deinen braven Vater kenne ich gut; er steht treu zu unserer Sache und war es auch, der mich im Auftrage des Kommandanten von San Antonio bat, mit meinen Leuten hierher zu gehen und die Ansiedelungen gegen die etwaigen Ueberfälle der Indianer zu schützen. Leider kamen wir diesmal zu spät, um den tapferen Männern von Cuero Beistand leisten zu können. Dein Vater ist aber ein kluger und tapferer Mann, und wenn die Indianer ihm das Leben schenken, wird er auch Gelegenheit finden, ihnen wieder zu entwischen. Leider können wir für seine Befreiung augenblicklch nichts thun, da ein Kampf mit einem so zahlreichen Stamme, wie die Comantschen sind, nicht nur nutzlos wäre, sondern uns auch völlig vernichten müßte!"

Bei der Erinnerung an den Vater brach Rosa in heftiges Weinen aus, und Niemand wagte es, sie in ihrem gerechten Schmerz zu stören.

Dann wandte sich Pearson wieder an den Depeschenreiter. „Ihr seid ein tapferer Bursch", sagte er, „und Euer Kopfhaar ist zu schade für die Comantschen. Bringt Eure Briefbeutel nach Victoria und Lavaca, nehmt Euren

Abschied als Depeschenreiter und kommt dann wieder zu uns; wir können solche Burschen wohl gebrauchen, die sich nicht fürchten, den Kampf mit solchen verschmitzten Feinden aufzunehmen, ohne dabei von mehr als einer Büchse unterstützt zu werden. Ihr sollt sofort in unsere Schar aufgenommen werden."

Dies Anerbieten war dem Depeschenreiter sehr lieb, er ging darauf ein, und wir finden ihn später in der Gesellschaft der Rangers wieder.

Nachdem er die Nacht über im Lager der Rangers sich ausgeruht und sich und auch sein Pferd völlig erholt hatte, ritt er am andern Morgen mit Rosa, die nun ihr eigenes Pferd erhielt, und in Begleitung der Männer nach Victoria, wo er das gerettete Mädchen der Mutter, die er hier wirklich vorfand, übergab.

Die Freude des Wiedersehens zwischen Mutter und Tochter war in der That rührend. Lange hielten sie einander weinend umschlungen, und wenn in dem Becher der Freude des sich Wiederhabens nicht der bittere Wermutstropfen des Schmerzes, sich vom Vater getrennt zu wissen, enthalten gewesen wäre, hätte es auf der ganzen Welt keine glücklicheren Menschen gegeben, als Rosa und ihre Mutter, obgleich sie Alles verloren, und nichts als das nackte Leben gerettet hatten.

V.

Ein gefahrvolles Unternehmen.

Zur Zeit unserer Erzählung dehnte sich im Westen des Mississippi noch die große amerikanische Wüste aus, jene große Ebene, wo nur Gras- und Baumwuchs gedieh. Die wildesten Indianer, die grausamen Comantschen, Apatschen, Cheyennes, Cherokees, schlichen hier im wilden Kriegsschmucke, lautlosen Schrittes, blut- und beutelustig umher. Sie besaßen kein bleibendes Heim, keine dauernde Wohnstätte, und trieben, wie die Tiere der Wildnis: Wölfe, Bären, Jaguare und Panther, hier ihr schauerliches, grauenvolles Wesen.

Jetzt ist das wesentlich anders geworden. Missionen entstanden, die Einwanderung und Ansiedelung nahm täglich zu, und so wuchsen Städte mitten in der Wildnis wie Pilze aus der Erde hervor.

Wollte man eine Stadt gründen, so erbaute man zuerst das Hôtel, b. h. ein anständiges Gasthaus; daran reihten sich ein paar Kaufläden, allerdings nach amerikanischer Art, ohne Eleganz und ohne irgend welchen Styl. Das Haus wurde aus schadhaften Brettern zusammengenagelt, vielleicht mit einem Fenster, jedoch mit einer großen Thür, die Luft und Licht ins Innere eindringen ließen. Hier und da umgab ein kleines Gärtchen die Bretterbude. Als Schild war über der Thür ein schmutzig weißer Leinwandlappen angebracht, auf welchem in sehr großen Buchstaben die Worte geschrieben standen: „Grocery" — „Store" — „Whisky." Im Innern des Hauses waren Fässer, Kisten u. s. w. übereinander gestellt, da es in den Prärieſtädten keine Keller gab. An den Wänden dagegen waren im bunteſten Durcheinander die Verkaufsartikel aufgeſtellt: Kleidungsſtücke, Nahrungsmittel, Bettzeug, Parfümerien, Arzneien, Bücher, Zeitungen, Bürſten, Revolver, Pulver und Schießbedarf, Hacken, Schaufeln und allerlei landwirtſchaftliche Geräte u. ſ. w. u. ſ. w. — In kleineren Ortſchaften, wo es noch keine Bäckerei und Schlächterei gab, begnügte man sich meistenteils mit Gemüse, da es an frischem Brot und Fleisch fehlte. Ebenso litt man auch Mangel an Bargeld und kleiner Münze, und deshalb gab es auch oft einen Tauschhandel im Städtchen. Dagegen hatte eine Stadt von zehn Bretterbuden bereits ihre eigene Zeitung, die Annoncen deckten die Unkosten.

Die Einwohnerzahl belief sich oft kaum auf 100 Seelen, bestand aber meistens aus Männern zwiſchen 20 bis 40 Jahren; Kinder und Greise waren seltener, an Mädchen und Frauen war oft sogar Mangel.

Das Städtchen Victoria in Texas, wohin der Depeschen=
reiter seinen Schützling, Rosa, gebracht, war eine derartige
Ansiedelung, wie wir sie eben beschrieben, hatte aber doch,
da eine Anzahl Frauen und Mädchen von dem zerstörten
Cuero sich glücklich hierher geflüchtet, nun einen größeren
Reichtum an weiblichen Wesen aufzuweisen.

Die Zahl der Häuser von Victoria belief sich auf
etwa fünfzehn, lauter elende Bretterbuden. Auch in Erd=
löchern, unter Zelten, in leeren Kisten und Fässern hatten
diejenigen ihre Wohnung aufgeschlagen, die noch kein eigenes
Heim bezahlen, oder sich erbauen konnten. Man wollte
erst versuchen, ob man sich auch hier gefalle, und wenn
dies nicht der Fall war, packte man seine ganze Habe zu=
sammen, auch sein Bretterhaus, und zog in eine andere
Stadt. Zerstörte ein Sturm oder Unwetter, oder die
roten Indianer eine ganze Stadt, so griff Alles, was noch
am Leben geblieben war, zum Wanderstabe, und die zer=
brochenen Kistchen, Blechbüchsen, Sardinenbüchsen, zerbrochenen
Flaschen, Teller, Tassen, Düngerhaufen u. s. w. bezeichneten
den Ort, wo ehemals eine Stadt gestanden.

Eine Woche nach den im vorigen Kapitel erzählten
Ereignissen, finden wir Frau L . . . . b mit ihrer Tochter
Rosa vor dem Bretterhause des Kaufmanns P . . . . . ,
wo sie eine willkommene und gastliche Aufnahme gefunden,
da der Kaufmann von Victoria ein Freund L . . . . b's
war, auf einer Bank sitzen. Rosa sah sehr nachdenklich
aus, als sie neben ihrer Mutter saß. Der stille Schmerz
um den Vater prägte sich auf ihren Zügen aus. Die
Bretterwand des Hauses ließ den Umriß ihres kleinen
Kopfes hervortreten, von dem das glänzende, goldblonde
Haar auf die Schultern niederwallte. Frau L . . . . b
konnte sich nicht enthalten, dann und wann einen ernsten
Blick auf ihre liebliche Stieftochter zu werfen.

„Ich begreife nicht, Rosa", hob sie endlich an, „daß
Du Dich noch immer weigerst, meinen Vorschlag, Victoria
zu verlassen und mit mir nach einer größeren Stadt zu
gehen, anzunehmen. Du weißt, daß wir hier nicht immer

bleiben und dem Freunde Deines Vaters zur Last liegen können. Zum Glück habe ich noch eine Summe Geldes aus dem Brande gerettet, und im letzten Augenblick vor der Flucht zu mir gesteckt. Bis Austin können wir leicht kommen, wenn wir den Wasserweg benutzen, und den Coloradofluß hinauffahren, der uns bis nach der Stadt Austin bringt. Du hast keinen Grund, meinen Vorschlag abzulehnen, wahrlich nicht."

Ein leiser Seufzer war die einzige Antwort der dreizehnjährigen Tochter, weshalb die Mutter auch unbeirrt fortfuhr: "Oder glaubst Du noch jemals von dem Vater zu hören? Hoffst Du noch immer auf seine Rückkehr? Ich habe keine Hoffnung mehr."

"Ach Mutter, ich weiß nicht, fast möchte ich sagen, "ich auch nicht", klang es nach einer Weile müde und gepreßt aus dem Munde Rosa's, "ich habe die Hoffnung auch fast aufgegeben. Wenn er nicht in die Gefangenschaft der wilden Comantschen geraten wäre, dann — — aber so — — und doch — er versprach es mir so sicher, daß er mich von der Cisterne abholen wollte, und noch nie hat der Vater sein Wort gebrochen."

"Thörichtes Kind — noch nie, — wenn er aber tot ist, wie kann er da sein Wort einlösen?"

"Ach Mutter, warte noch ein paar Tage — und wenn der Vater dann nicht zurückgekehrt ist, dann gehe ich mit Dir nach Austin — o könnte ich doch — willst Du liebe gute Mutter?"

Eine Zeitlang blieb es still zwischen Mutter und Tochter.

"Sei es denn", willigte Frau L . . . . b endlich in die Bitte Rosa's, — "ich will Dir zu Liebe noch drei Tage in Victoria bleiben, obgleich ich weiß — — kommt der Vater in dieser Zeit nicht, dann gehen wir nach Austin, das ist mein letztes Wort."

Rosa erwiderte nichts, aber sie küßte die Mutter auf die Stirne, und diese fühlte so recht die innige Liebe, die in diesem Hauche lag. Von dieser Stunde an weinten Mutter und Tochter nicht mehr so viel um den verlorenen

Vater. Rosa hielt sich still und gefaßt und die Mutter that ein Gleiches, obgleich Rosa fühlte, daß auch der Schmerz der Mutter darum nicht minder groß war, daß aber ihr armes Herz brechen werde, wenn der Vater nicht wiederkehrte, und gab darum einem Gedanken Raum, der mehr und mehr in ihrer Seele Wurzel faßte. Sie war entschlossen, den Kommandanten J. H. . . . in San Antonio um Hülfe anzuflehen, damit er seine Soldaten zu Gunsten des in die Hände der Comantschen gefallenen Vaters, dessen Freund er war, wie sie oft aus dem Munde des Vaters gehört, aufböte und aussende. Ohne die Mutter ihre Absicht merken zu lassen, eilte Rosa zu dem Missionar W . . . nach Guaduloupe, das nur eine Stunde von Victoria entfernt lag, um sich von ihm ein Schreiben an den Kommandanten ausfertigen zu lassen, wodurch sie sich vor demselben legitimieren konnte.

Wohl nie zuvor hatte der Missionar so innige Bitten vernommen. Doch wie erschrak das junge Mädchen, als sie aus seinem Munde erfuhr, daß augenblicklich kaum etwas zu Gunsten ihres Vaters geschehen könne, sondern daß Alles dem Kriegsglücke anheimgestellt werden müsse. Das vom Feinde bedrohte San Antonio könne auch nicht einen Soldaten entbehren; es sei also, soviel er von der Sache wisse, dem Kommandanten unmöglich, für ihren Vater etwas derartiges zu unternehmen.

Rosa wollte seinen Worten nicht glauben, und rief: „Wohlan, so mag Gott mir helfen! Ich wandere in das Lager der Comantschen!"

„Um des Himmels willen, Kind!" erwiderte der Missionar erschrocken, „das heißt dem Tode in die Arme laufen."

„Noch glaube ich, daß auch bei den wilden Rothäuten Edelmut zu finden ist", fuhr Rosa unbeirrt fort. „Ich will dem Häuptling zu Füßen fallen, und bei ihm ein gutes Wort für meinen Vater einlegen."

„Aber Kind", stellte ihr der Geistliche vor, „so bedenke doch die tausenderlei Gefahren, denen Du Dich aussetzest, noch ehe Du die Comantschen zu Gesicht bekommst.

Die Rothäute sind auf dem Kriegspfade, sie morden jedes Bleichgesicht, das ihnen in die Hände fällt, und Dein Vater, wenn er überhaupt noch lebt, würde trotz Deiner Aufopferung nicht gerettet sein."

Allein Rosa verharrte im Stillen bei ihrem Entschlusse, und wenn sie bei ihrem Abschiede von dem Missionar diesen nichts davon merken ließ, so geschah es nur, um zu verhindern, daß der Mutter ihre Absicht bekannt werde.

Als sie heim kam, schrieb sie auf einen Zettel die wenigen Worte: „Liebe Mutter, ich ziehe aus, um mich in das Lager der Comantschen zu wagen, und den Vater ihren blutgierigen Händen zu entreißen. Vertrau' dem Allerhöchsten, und gedenke Deiner treuen Tochter Rosa."

Sie legte den Zettel auf das Bett und verließ mit Tagesgrauen das Bretterhaus, und niemand folgte ihr, als „Bullow", der treue Hund, welcher ihr auch nach dem Brande von Cuero bis Victoria gefolgt, und sie dort aufgesucht hatte. Er sollte ihr die Fährte des Vaters zeigen. Dazu mußte sie aber zunächst nach Cuero zurück, von wo aus die Spur der Comantschen nach Norden wies. Es war ein verzweifelter Entschluß. Das Herz der Tochter hing an dem Vater, und der Gedanke, daß sie ihn verlieren sollte, raubte ihr die Fähigkeit des ruhigen Nachdenkens.

So eilte sie rastlos dahin, Stunde auf Stunde, und nur selten verweilte sie kurze Zeit an einer Stelle, um neue Kraft zu schöpfen. Bullow erwies sich als trefflicher Wegweiser, hatte das treue Tier ja doch seit langer Zeit seinen Herrn oft auf seinen Reisen begleitet, und kannte den Weg zwischen Victoria und Cuero so genau, daß er oft Seitenpfade einschlug, um seine junge Herrin schneller vorwärts zu bringen.

So hatte Rosa endlich die Stelle erreicht, wo sie die Nacht am Lagerfeuer der Rangers zugebracht, und mit dem Depeschenreiter den Comantschen glücklich entkommen war. Die Erinnerung an die Stunde der Rettung rief die freudigsten Gefühle in ihrem Herzen wach. Ja, wenn der tapfere junge Deutsche jetzt an ihrer Seite wäre, — wenn er — aber ihr Alleinsein und die Erinnerung an jene wilden, roten Reiter dämpfte zugleich den Mut und die wilde Entschlossenheit. Dennoch schritt sie rüstig vorwärts; sie hatte sich einmal vorgenommen, ihre Kraft und ihr Leben für des Vaters Rettung einzusetzen, und sie wich und wankte vor dem Ziele nicht zurück, mochte ihr Herz auch noch so ängstlich pochen.

Da begann Bullow plötzlich zu stutzen, und in demselben Augenblick hallte durch den kleinen Eichenwald ein lautes: „Hugh! Hugh! Hugh!"

Rosa blieb erschrocken stehen — aber Furcht und Entsetzen packten sie im nächsten Augenblicke in so hohem Grade, daß sie an allen Gliedern wie gelähmt war; denn in geringer Entfernung an einem Baumstamme erblickte sie einen großen Indianer. Bullow begann zu bellen, der armen Rosa aber war es zu Mute, als ob ein schreckliches Traumbild sie umgaukelte.

„Hu—u—gh!" ertönte es von neuem, aber in sehr zornigem Tone. Die leichenblasse Rosa sah die schwarzen Augen des Indianers grimmig blitzen. Gleich einer Bildsäule stand das junge Mädchen dem Indianer gegenüber, unfähig, sich von der Stelle zu rühren, denn ein Zentnergewicht schien sie an den Boden zu fesseln.

Dennoch erreichte ihr Schrecken erst jetzt den Höhepunkt; der Indianer verließ den Baumstamm, und näherte sich taumelnd der bebenden Rosa, die ihre letzte Kraft sammeln mußte, um nicht ohnmächtig umzusinken.

Etliche male hielt der Indianer, der sich auf seinen Beinen entschieden nicht zu erhalten vermochte, im Gehen inne, um nicht hinzustürzen, und während er dann mit beiden Armen in der Luft herumfuchtelte, stieß er ein entsetzliches Geheul aus. Er konnte seinen großen Körper nicht aufrecht erhalten, weshalb er sich durch Schwingungen mit den Armen im Gleichgewicht zu erhalten suchte. Seine Augen leuchteten zwar noch immer grimmig, dennoch zeigte er nicht mehr die große Wut wie zu Anfang, als er Rosa erblickte.

Nach kurzer Zeit hatte er das zitternde, bleiche Mädchen erreicht, doch schien ihr von ihm keine Gefahr zu drohen;

denn er packte Rosa bei der Hand und versuchte sich mit
ihr nach der Eiche zurück zu balanciren. Hier angelangt,
ließ er sie los und lehnte sich zufrieden gegen den Baum=
stamm, vermochte sich jedoch nur wenige Augenblicke auf
den Füßen zu erhalten, und sank alsbald an dem Baum=
stamme nieder.

Rosa wußte in ihrer Angst nicht, wie sie sich das un=
gewöhnliche Benehmen dieser Rothaut zu erklären habe;
erst als sie sich in seiner unmittelbaren Nähe befand, und
er nun wieder sein nun schon mehr heiseres: Hugh! lang
und gedehnt heraus stieß, roch sie den Whiskygeruch, der
seinem Munde entströmte. Es wurde ihr nun sofort klar,
daß der Indianer viehisch betrunken war, und sich am
„Feuerwasser" der Bleichgesichter gütlich gethan. Dieser
Umstand konnte aber ihre Rettung werden. Bullow um=
kreiste bellend seine Herrin, aber sie ließ ihn nicht näher
herankommen, weil sie für ihren treuen Hund fürchtete, der
bewaffnete Indianer könne ihn mit dem Tomahawk töten,
gebot ihm aber Stille, und das kluge Tier gehorchte
augenblicklich.

Noch öfter stieß der betrunkene Indianer sein Gebrüll
heraus, das indessen ungehört in der Wildnis verhallte.
Er lag am Baume und begnügte sich Rosa unverwandt
anzuglotzen. Diese unheimliche Wachsamkeit spannte natür=
licherweise die Nerven des ohnehin schon erregten Mädchens
nur noch mehr an, und gab ihr allein die Kraft, sich auf
den Füßen zu erhalten.

Langsam ging die Zeit dahin. Rosa's Angst war
namenlos — wenn so die Nacht herankam, was sollte aus
ihr werden? Der Rausch des Indianers mußte sich in
Nüchternheit verwandeln, zumal sie nicht sah, daß er sich
weiter am Whisky erlabte. So lange das Tageslicht
herrschte, konnte sie immer noch hoffen, daß irgend ein
Weißer an dieser Stelle vorüberkam und sie rettete, war
aber erst die Finsternis hereingebrochen und die Rothaut
wieder halb nüchtern geworden, verschwand auch die letzte
Aussicht auf Befreiung aus dessen Händen. Hätte sie doch
nur davon laufen können, der taumelnde Indianer hätte

sie ja doch nicht einzuholen vermocht, wenn er nicht sein
Pferd, das in der Nähe jedenfalls sein Futter suchte, be=
stieg, und dazu war er augenscheinlich in seinem jetzigen
Zustande außer Stande, aber auch ihre Füße versagten ihr
den Dienst.

Während sie über ihr Mißgeschick nachdachte, bemerkte
sie plötzlich, daß den Indianer eine Müdigkeit anwandelte,
und er die Augen schloß. Sofort leuchtete die Hoffnung
in Rosas Antlitz auf; sie legte die Hand auf ihr pochendes
Herz, und im nächsten Augenblick begann auch ihre Er=
starrung zu weichen. Sie begann leise einige Schritte
rückwärts zu gehen, dann stand sie wieder still. Mehr und
mehr hüllte die Dunkelheit Mädchen und Prärie ein, und
geraume Zeit verstrich, während welcher der Indianer sich
dem Schlafe überließ. Rosa beobachtete die größte Vorsicht;
geduldig wartete sie, bis die schnarchenden Töne ihr an=
zeigten, daß der Betrunkene fest eingeschlafen war. Wenige
Minuten später schnarchte er, wie ein Tier. Langsam be=
wegte sie sich nun rückwärts. Bullow kam an ihre Seite,
mußte aber gehorsam schweigen, und er zeigte sich auch klug
genug, sich damit zu begnügen, um seine Herrin herum zu
schwänzeln, ohne einen Laut der Freude über die gelungene
Rettung von sich zu geben. Etwa zehn Minuten war sie
langsam davongeschlichen, als plötzlich das entsetzliche Ge=
schrei des Indianers wieder an ihr Ohr drang — aber
es war in weiterer Ferne, als sie glauben mochte, dennoch
schauerte sie erschrocken zusammen. Nun beschleunigte die
Furcht ihre Schritte und sie flog wie ein gehetztes Wild
auf dem Pfade in südlicher Richtung zurück, den sie am
Nachmittage gegangen war, während der treue Bullow ihr
den sichern Rückweg in der Dunkelheit wies.

Dies unheimliche Zusammentreffen mit der Rothaut
legte ihre Willenskraft lahm; sie fühlte nicht mehr den
Mut allein, nur in Begleitung Bullows, das Lager der
Comantschen aufzusuchen, und nach Nordwesten durch die
unwegsame Wildnis zu wandern. Bei ruhigem Nachdenken
sah sie auch ein, daß ihr Unternehmen unter den tausender=

lei Gefahren und Hindernissen ein nutzloses Wagestück werden müßte. Und doch überkam sie auch wiederum das Gefühl, als ob sie sich von der Wildnis nicht trennen könne, sie barg ja ihr Liebstes, was sie auf Erden besaß, und ihr Herz wollte zerspringen bei dem Gedanken, daß mit jedem Schritte, den sie vorwärts nach Victoria that, die Kluft zwischen ihr und dem rettungsbedürftigen Vater größer werde; und wenn nun gar die Mutter ihren Vorsatz ausführte und nach Austin mit ihr übersiedelte? Sie mußte zurück in die Wildnis, und dennoch vermochte sie sich in ihrer entsetzlichen Mutlosigkeit zu keiner Rückkehr zu entschließen.

Schnell war die Finsternis hereingebrochen und tiefe Nacht hatte die Erde eingehüllt, ihr Pfad wurde nur noch vom matten Sternenlicht erhellt. Vom Ufer des Guadu=loupeflusses kamen dichte Nebel gezogen, die in mancherlei Gebilden ihre Phantasie, die ohnehin sehr erhitzt war, um=gaukelten. Da stand vor ihrem Geist eine Gestalt, die ihr wohl bekannt war. In ihrer Einbildung sah sie Jagd=hemd, Schlapphut, einen langen, grauen Bart, nnd die Flinte über der Schulter gehängt. So stand der alte Trapper und Pelzjäger K .... vor ihrem Geistesauge, der oft genug in ihrem Laden in Cuero vorgesprochen, und sich mit Schießbedarf versehen und andere Artikel eingekauft, und der nur eine halbe Stunde von Cuero entfernt, in südwestlicher Richtung in seiner Blockhütte allein hauste. Der Mann stand jetzt vor ihrem Geistesauge — — aber der Vater war nicht gut auf den alten Trapper zu sprechen gewesen, und hatte öfter die Bemerkung hingeworfen, daß der alte Bursche mit den Comantschen und Gelbbäuchen (Mexikanern) in heimlicher Verbindung stehe. Rosa aber fürchtete sich nicht vor dem Jäger. Hatte er sie doch öfter freundlich ersucht, ihn in seiner Hütte aufzusuchen, wenn sie seines Rates und seiner Hülfe bedürftig sei, und sie immer „das süße Röschen von Texas" genannt. Und be=durfte sie jetzt nicht der Hülfe? Wie der Vater gesagt, stand der Alte mit den Comantschen auf freundschaftlichem Fuße. Ja, ja! Das war ein Gedanke von oben. Zu diesem alten Trapper mußte sie jetzt ihre Zuflucht nehmen, und ihn in seiner Blockhütte aufsuchen. Die einzige Sorge war nur, ob sie ihn auch daheim antreffen werde, da er die meiste Zeit, und besonders im Herbst auf seinen Jagdzügen abwesend war.

Tief aufatmend eilte sie in südwestlicher Richtung den Fluß abwärts, der Blockhütte des Trappers zu, da der Weg ihr bekannt war. Bullow wollte ihr zuerst auf diesen Wege nicht folgen, er heulte und winselte, und versuchte durch Rückwärtslaufen seine junge Herrin zur Umkehr zu bewegen. Rosa aber rief ihm freundlich zu: „Folge mir nur, mein Bullow, ich weiß schon, was wir thun müssen, um den Vater zu retten."

Im Osten begann es ein wenig heller zu werden, die Sterne erbleichten mehr und mehr, der junge Tag drängte sich mit seinem Lichte hervor, und Rosa stand nach einem einstündigen, schnellen Laufe vor der Hütte des Trappers.

An der geschlossenen Blockthüre machte Bullow Halt, und begann zu bellen, als ob er das Oeffnen derselben für seine Herrin gebieterisch verlange, die erschreckte Rosa verbot ihm dies, er gehorchte nur knurrend.

Ihr Blick haftete auf der Hütte, die garnicht einladend aussah und fast halb verfallen war. Die Angst bemächtigte sich ihrer aufs neue, aber sie bannte die Furcht aus ihrem Herzen, und sich aufraffend, näherte sie sich der verschlossenen Hüttenthüre.

Sie klopfte erst leise, dann stärker und stärker, aber es währte eine geraume Zeit, ehe sie irgend ein Lebenszeichen in der Hütte vernahm. Dann naheten sich Schritte, das Querholz im Innern fuhr zurück und eine unsichere Hand öffnete die schwere Blockthüre.

Rosa schlüpfte hinein — die Thüre schloß sich wieder hinter ihr und einsam und öde lag die Blockhütte in der stillen Wildnis unter den Lebenseichen da, beschienen von dem goldroten Lichte der eben aufgehenden Sonne.

Die feierliche Stille des herrlichen Herbstmorgens in der unabsehbaren Prärie wurde durch nichts unterbrochen.

Nur ein einzelnes Hundegebell am verschlossenen Hütteneingange tönte dann und wann durch die einsame Wildnis.

VI.

Ein unerwartetes Wiederfinden.

Allzulange schon haben wir den, von den Comantschen gefangen genommenen und hinweggeführten Vater Rosa's aus den Augen gelassen, und müssen uns daher wieder nach ihm umsehen. Die Bewohner des Städchens Cuero hatten den Angriff der Indianer längst gefürchtet, und deshalb auch ihre Vorsichtsmaßregeln so gut als möglich getroffen. — Um Mitternacht, als der Überfall erfolgte, wurden die Einwohner durch den Schuß eines Wachtpostens, den sie außerhalb des Städchens ausgestellt, jählings geweckt, und die Männer eilten sogleich an die vorher bestimmten Plätze. — Da entdeckte man plötzlich, daß die Indianer das Poststationsgebäude in Brand gesetzt hatten. Einige Männer begaben sich sofort mit Feuereimern an die Brandstätte, das Feuer zu löschen. Allein das war schwer auszuführen. Der Feuerlärm hatte die ganze, wenn auch nur geringe Einwohnerschaft, bestürzt gemacht, und nur mit der größten Mühe und Kaltblütigkeit gelang es L....d, die Ordnung einigermaßen herzustellen. Da brach das Feuer auch in der Nähe seines Kaufladens aus, und sein Haus wurde schnell von den Flammen ergriffen. Unglücklicherweise befanden sich unter seinen Vorräten auch einige Fässer Branntwein; dadurch, daß dieselben in Brand gerieten, vermehrte sich die Verwirrung außerordentlich,

und es wurde viel schwieriger, da das Feuer nun an zwei
Stellen ausgebrochen war, dasselbe zu löschen. L....b
eilte nach seinem Hause, um hier noch zu retten, was möglich
war. Die Indianer freuten sich augenscheinlich über die
Verwirrung der Bleichgesichter, feuerten noch einmal so rasch
wie vorher, und begleiteten jeden Schuß mit dem wütendsten
Geschrei und Geheul, das sich nur denken läßt. — Bald
ergriff das Feuer auch die nächsten Bretterhäuser, und
drohte in Kurzem das ganze Städtchen in Flammen zu
hüllen. Jetzt verloren die Verteidiger, die das Gewehr=Feuer
der Indianer tapfer erwidert, fast den Mut, sie hielten sich
für verloren, und gaben kaum acht auf weitere Anordnungen
ihrer Führer. — Die Unordnung stieg auf's Höchste, und
die Scene war schrecklich im höchsten Grade. Das Feuer
wütete und prasselte, die Indianer schossen, schrien und heulten
— die Hunde bellten — die Verwundeten ächzten und
stöhnten, und schriller als die Elemente und Feinde ertönte
das Angstgeschrei etlicher zurückgelassener Weiber und Kinder,
welche in den rettenden Fahrzeugen, die die andern strom=
abwärts führten, keinen Platz mehr hatten finden können.

Das nahe Wäldchen war hell erleuchtet, vom Wider=
schein des Feuers, und erglänzte noch feuriger, da die Nacht
stockfinster war. — Der ganze Auftritt war imstande, auch
das stärkste Herz erbeben zu machen. Und mitten in diesem
Getümmel erschien plötzlich die Rose von Texas an der
Seite ihres Vaters. Ihr Erscheinen in dem Feuerschein,
wo sie von allen gesehen werden konnte, schien selbst die
Indianer stutzig zu machen — ihre Schüsse fielen seltener
— und besonders nicht dahin wo Rosa stand; — das
Geheul verstummte eine zeitlang, und die kämpfenden weißen
Männer gewannen wieder mehr Mut, Festigkeit und Kalt=
blütigkeit, so daß das Gewehrfeuer auf die Indianer noch
eine Stunde lang kräftig unterhalten wurde. Da befahl
der Vater seiner Tochter, sich in die Cisterne zu flüchten
— da er für ihr Leben fürchtete — und sich dort so lange
verborgen zu halten, bis er kommen und sie abholen werde.
Schnell entwich sie nun, indem sie die Dunkelheit an der
einen Seite des Wäldchens benutzte, und floh, von Niemand

gesehen, auf Umwegen dem bezeichneten Verstecke zu, wo sie sich ängstlich verborgen hielt.

Von hier aus konnte sie aber doch wahrnehmen, wie bald nach ihrem Entweichen die Indianer haufenweise heranstürmten. Sie sprengten jetzt durch den Lichtkreis in ihrer unmittelbaren Nähe vorüber, und schienen wie Geister der Finsternis im brennenden Städtchen zu verschwinden. Die zuckenden, verlöschenden Flammen warfen Streiflichter auf ihre wutverzerrten, häßlich beschmierten Gesichter. Die langen Haare, die wild im Winde flatterten, die Riemen und Bänder, die massenhaft zum Schmuck an ihnen hingen, und während des Jagens wie Schlangen um die Reiter herzüngelten, ihr trotziges herausforderndes Geschrei — Alles dies diente dazu, die Ansiedler in Schrecken und Angst zu versetzen.

L....b hatte gleich anfangs schon die Bedeutung eines kleinen Hügels fast in unmittelbarer Nähe seines jetzt niederbrennenden Hauses erkannt. Hier postierte er sich mit einigen seiner Leute, die er als sichere Schützen kannte. Sie sollten die heranstürmenden Indianer mit ihren Kugeln empfangen, zumal das Feuer der hinter ihnen brennenden Gebäude ihnen gestattete, jeden Angreifer sicher auf's Korn zu nehmen. — Da donnerte es aus der Prärie her. Eine Salve der Indianer schlug auf dem Hügel ein, die Verteidiger hörten über ihren Köpfen das Pfeifen der Kugeln, welche sausend zwischen, hinter und vor ihnen einschlugen.

Die Comantschen erkannten, daß es einen Kampf Mann gegen Mann gelte, wenn sie als Sieger aus dem Kampfe hervorgehen wollten. So stürmten sie denn heran. L....b hielt sich mit seinen Gefährten wacker. Jetzt wichen sie zurück, um den Stoß der indianischen Lanzen zu vermeiden — nun drängten sie wieder vor, um mit ihren Gewehrkolben gewichtige Hiebe auszuteilen. Die ermunternden Worte L....b's, der wie ein angeschossener Löwe kämpfte, trugen viel dazu bei, das Feuer des Blutes bei den Kämpfenden zu unterhalten.

„Wahrhaftig!" rief einer seiner Gefährten, indem er einen Blick auf L....b warf, „ein Mann wie unser L....b sollte unverwundbar sein!"

„Unsterblich müßten wir, in einer Lage wie die unsrige, alle sein," antwortete L....b, „oder wir sollten nur dann sterben, wenn — — —

Er vollendete den Satz nicht. Ein Schlag, den der nervige Arm eines im Nu vom Pferde gesprungenen Comantschen mit einer Art Keule nach ihm ausführte, machte ihn verstummen, und betäubt stürzte er zu Boden. Daß der Schlag ihm nicht das Hirn eingeschlagen, verdankte er nur der dicken Kopfbedeckung und seinem üppigen Haupthaar.

Jetzt flohen die übrigen Verteidiger in das noch immer brennende und rauchende Städtchen. Rosa aber sah von ihrem Verstecke aus, wie zwei Indianer den Vater ergriffen, und in die Prärie hinaustrugen. — Einen Schmerzensschrei gewaltsam unterdrückend, um den Indianern ihr Versteck nicht zu verraten, brach sie in stilles Weinen aus, und ließ den Thränen freien Lauf, die stromweise aus ihren schönen Augen hervorbrachen. —

In tiefer Betäubung lag L....b, als man ihn in die Prärie hinaustrug. Er wußte von alledem nichts, was um ihn her vorging, und mit ihm geschah. —

„Warst Du es nicht, Du Hund von Bleichgesicht, der meinen Vater tötete?"

Jetzt erst erwachte der Mann aus seiner tiefen Betäubung.

„Wer bist Du?" fragte er, da er sich an den furchtbaren Schlag auf seinem Kopfe erinnerte, seine Lage aber noch nicht in ihrer ganzen furchtbaren Wahrheit begriff.

„Wer ich bin?" rief der junge Indianer (in englischer Sprache), welcher die Frage an ihn gerichtet und ihm den Fußtritt versetzt, wild lachend. „Du mußt mir zuerst antworten, Du bissiger Hund. Hast Du nicht meinen Vater, Red Cloud, getötet?"

Bei dieser zweiten Frage war L....b endlich wieder ganz zu sich gekommen. — Er suchte seine Kampfgenossen, allein sein Blick traf nur die wilden, bemalten Gesichter einer Anzahl Comantschen, die sein Lager umstanden. Man befand sich offenbar in der Prärie — das wurde ihm allmählich klar — und die Rothäute hatten nach einem langen Ritte, wobei man ihn auf ein Pferd festgebunden, das von einem andern Indianer am Zügel geführt wurde, sich hier gelagert, um sich und ihren Pferden etwas Ruhe und Erholung zu gönnen.

Als L....b dies begriffen, schickte er sich an, dem Indianer zu antworten:

„Du sprichst von Deinem Vater, Häuptling der Comantschen, denn das bist Du ja wohl? Warum wendest Du Dich nicht an Don Mauro, der würde Dir bessere Antwort geben können, als ich?"

„Du weigerst Dich, mir zu antworten?" rief der junge Häuptling zornig. „Weißt Du nicht, daß ich Dein Leben in meiner Hand halte? Aber der „schwarze Adler" wird Dich schon noch zum Bekennen der Wahrheit bringen, wenn er mit seinen Krallen Dir das Fleisch von den Knochen reißen wird."

L....b schauderte zusammen bei den Worten des Häuptlings — aber die Frage des Sohnes nach dem Mörder des Vaters hatte ihm doch die Erklärung gegeben, warum man nur Cuero überfallen und zerstört, und von allen seinen Bewohnern nur ihn allein lebendig hinweggeschleppt hatte. Ein verächtliches Lächeln lief über die Lippen des Gefangenen, als er erwiderte:

„Es giebt noch Langmesser und Rangers genug, die meinen Tod rächen, und solche Räuber und Mordbrenner, wie Ihr seid, vor sich hertreiben werden, obgleich Ihr Euch stellt, als verachtet Ihr die Bleichgesichter, die doch keine so großen Feiglinge sind, wie die prahlerischen Comantschen."

„Die Comantschen fliehen nicht, hörst Du Hund von Bleichgesicht," erwiderte der Häuptling errötend. „Ich weiß nicht, was mich abhält, Dir mit dem Tomahawk den Schädel zerschmettern zu lassen, und das freche Maul zu stopfen," setzte er hinzu — und stand schon im Begriff einem seiner Krieger einen Wink zu geben, damit er die Blutarbeit an dem Gefangenen vollziehe. Da trat schnell ein alter Indianer an ihn heran und flüsterte ihm die Worte in's Ohr:

„Häuptling, gedenke der Rose von Texas."

Diese Worte brachten eine augenblickliche Wirkung hervor — denn das Auge des Häuptlings blickte jetzt weniger zornig auf den furchtlosen Gefangenen — seine Gestalt erbebte — seine Gesichtszüge wurden milder — sein Blick umflorte sich, und fast wie beschämt wandte er das Antlitz seinem alten Gefährten zu, als ob er zu ihm sagen wollte: ich danke Dir!

Die Aussicht auf eine furchtbare Todespein ließ den Gefangenen einen raschen Tod den Martern vorziehen, von denen er sich bedroht wußte.

„Ich will Dir sagen, Häuptling, was Dich davon abhält," antwortete L....b fest, „es ist die Furcht vor den Langmessern und Rangers, die Euch schon oft vor sich hergetrieben wie man eine Heerde Büffel vor sich her treibt."

„Das graubärtige Blaßgesicht fürchtet sich vor dem Marterpfahle," lachte der „schwarze Adler" nun ohne jede Spur von Zorn, „und er reizt seine Sieger, um sich lange Qualen zu ersparen. Nach wenigen Tagen wird er andere Worte reden."

„Ein Bleichgesicht kann sterben wie eine Rothaut", versetzte L....b und schloß nach dieser Antwort die Augen, um die verhaßten Gesichter der Comantschen, die ihm Alles geraubt, nicht sehen zu müssen. Er wußte sehr wohl, daß er keine Gnade von ihnen zu erwarten hatte, und eben so klar war es ihm, daß auch seine Freunde keine Spur von ihm würden entdecken können.

So verlebte er eine traurige Nacht, während die Rothäute unter ihren Wolldecken schliefen. Indes hatte doch der Häuptling den Wächtern befohlen, den wunden, schmerzenden Gliedern des Gefangenen einige Erleichterung zu verschaffen, indem sie die Bande, welche sie gefesselt hielten, ein wenig lockern mußten, worüber er sich sehr verwunderte. —

Die Sonne war bereits aufgegangen, als der Häuptling mit einem frisch am Feuer gerösteten Stück Hirschfleisch in der Hand, zu dem Gefangenen trat und ihn fragte:

„Hat das Bleichgesicht Hunger?"

„Ja", antwortete L...b mit kräftiger Stimme, „aber ich werde nicht essen, und morgen kannst Du Dir meinen Leichnam braten, und mit gutem Appetit verzehren."

„Das graubärtige Bleichgesicht ist ein feiger Prahler", sagte der Häuptling ärgerlich.

„Und Du bist eine feige Memme; ein Häuptling sollte ein tapferer Krieger sein — Du raubst und mordest aber hinterlistig, wenn der Feind Dich nicht sehen kann. Schweig, denn meine Ohren werden beleidigt, wenn sie Deine Stimme hören, sie ist ihnen so zuwider, wie der Geruch des Stinktier's meiner Nase ist."

„Der alte Graukopf hat eine scharfe Zunge — aber die Furcht vor der Marter läßt Dich so prahlen, obgleich Du von Mut so wenig weißt, wie das Schaf, wenn es den Wolf kommen sieht. Wärest Du Deines Mutes gewiß, so würdest Du essen, um bei Kräften zu bleiben, und dann die Marter erdulden, wie ein Mann."

„Ich werde Dir beweisen, daß Du lügst, Häuptling — ich werde essen — aber nicht wie ein angebundenes Tier."

„So willst Du Deiner Fesseln entledigt sein?"

„Ja, ich werde nicht eher essen, als bis Arme und Füße frei sind." —

„Was kann es einem im Käfig gefangenen Bären nützen, wenn er im Kerker spazieren gehen darf? Aber Dein Wunsch soll erfüllt werden." Damit löste er die Fesseln des Gefangenen, so daß dieser zum ersten Male seit 24 Stunden sich frei bewegen konnte.

An den Stamm eines Baumes gelehnt, nahm er das Stück Wildpret an, das sein Peiniger ihm hinreichte. —

Bald darauf gab der schwarze Adler das Zeichen zum Wiederaufbruch; dem Gefangenen führte man ein Pferd vor, half ihm in den Sattel, da er sich noch immer nicht bewegen konnte und wurde er dann von vier Indianern in die Mitte genommen, worauf sich der ganze Zug in Bewegung setzte. —

Die Comantschen sind sehr gefürchtet und besonders im Innern der weiten Wüstereien. Wo nur wenig Verkehr mit den Weißen ist und ferner im Süden, wo sie mit den Mexikanern und Texanern zu thun haben, gelten sie für die allergefährlichsten Feinde, denn sie sind sämtlich beritten, haben eine unglaubliche Gewandheit, einen ebenso staunenerregenden Mut und eine Grausamkeit, welche die aller anderen Stämme übertrifft.

Nach einem fünftägigen Marsche in nordwestlicher Richtung, gelangten die Rothäute an ein großes Dorf von wenigstens 120 schönen Lederzelte. Es war die Heimat der Söhne der Wildnis, lag in einem weit ausgedehnten Thale des Coloradoflusses, und zeigte einen ganz ungewöhnlichen Reichtum an Heerdenvieh. Man sah dort zahlreiche Rinder, Pferde, Schafe und Ziegen, ja, man sah sogar Hirsche mitten unter diesen weiden, sie waren zwar jung, es waren sogenannte Spießer, aber es war doch immerhin ein Beweis, daß die Rothäute sich mit der Zähmung der Tiere abgegeben, worüber sich L... b sehr verwunderte.

Als sich die roten Krieger dem Lager näherten, waren rasch ein Dutzend junger Comantschen herangesprengt, und empfingen die Heimkehrenden mit einem wilden Jubelgeschrei, besonders, als sie den Gefangenen, die erbeuteten Pferde und andere, den Bleichgesichtern abgenommene Beute erblickten.

Freilich wurde der Jubel bedeutend gedämpft, als ein paar Stunden später ein anderer Zug mit den Leichen der im Kampfe gefallenen Krieger in das Dorf einzog. Dieser Anblick rief dann auch das Rachegeschrei des ganzen Dorfes gegen den eingebrachten Gefangenen hervor, und dieser wußte gut genug, welch ein entsetzliches Loos ihm bevorstand.

Indeß gewann er doch auch Muße genug, dies Volk zu beobachten.

Die Comantschen waren damals noch dasjenige Volk, welches noch am meisten seine alten Eigentümlichkeiten behalten hatte, wiewohl sie dadurch, daß sie an die ehemaligen spanischen Besitzungen grenzten, meistens ziemlich geläufig spanisch redeten, und sich auch europäischer Waffen bedienten.

Bogen und Pfeile waren beinahe ganz verschwunden, oder wurden nur von Kindern gebraucht, um sich vorläufig damit zu üben.

Diese Wilden kleideten sich in feine, mit dem Gehirn der Tiere gegerbte Häute von Rehen, welche sie mit Skalplocken der von ihnen erlegten Feinde verzierten. Den Kopf trugen sie immer unbedeckt, es schien ihnen das gewaltig starke Haar einen genügenden Schutz gegen die Strahlen der Sonne zu gewähren. In diesem Haar trugen sie einen seltsamen Schmuck, Scheiben von Messing und Silber. Durch die Spalte dieser Scheiben zogen sie wie die Sattler die Riemen des Geschirres, so die Strähnen ihrer Zöpfe. Ganz oben im Nacken hatten sie ein paar Scheiben von der Größe einer Untertasse, und je weiter abwärts, desto mehr nahmen sie an Größe ab, bis die untersten etwa den Umfang eines (deutschen) Silbergroschens hatten.

Wer sich unter ihnen in freundlicher Absicht aufhalten muß, thut immer am besten, ihnen unbedingt zu vertrauen, ihnen freundlich und offen entgegenzukommen und ihren Schutz anzusprechen.

Wer als Feind unter sie gerät, ist allerdings schlimm daran, und allen nur möglichen Martern und Grausamkeiten, die sie nur erdenken können, ausgesetzt. Furcht vor ihnen darf er um keinen Preis blicken lassen, wenn er nicht für eine feige Memme gehalten und von ihnen völlig verachtet werden will.

Das wußte der alte Grenzbewohner L.... b auch sehr wohl und durfte sich aus diesem Grunde keine Blößen vor ihnen geben, sondern mußte ihnen furchtlos entgegentreten.

So lange die eingebrachten Leichen der gefallenen Krieger noch nicht zu ihrer letzten Ruhe bestattet waren, hatte er wohl kaum etwas Ernstliches zu fürchten, dann aber mußte man sich auch des Gefangenen mit einem um so stärkeren Rachegefühl wieder erinnern, zumal es inzwischen im Lager auch bekannt geworden sein mußte, daß man den Mörder des alten Häuptlings, Red Cloud eingefangen habe. Man würde seine Marter mit aller Gewalt verlangen.

Das Alles sagte sich L.... b selbst, während er in seiner Hütte als einsamer Gefangener saß und von einem Krieger vor dem Eingange scharf bewacht wurde.

Und seine Ahnungen sollten sich auch furchtbar genug erfüllen. Denn was er in der ersten Zeit seiner Gefangenschaft unter diesen Indianern Schreckliches zu erdulden hatte, kann wohl mit wenigen Worten gesagt, aber nicht ausführlich beschrieben werden. Die Leiden, die er an seinem Körper zu erdulden hatte, kann man wohl erzählen, aber die Angst seiner Seele, die endlose Qual seines Geistes wurde Niemandem, als nur ihm selbst bekannt. — —

Das Thal, in welchem die Comantschen ihr Lager aufgeschlagen hatten, bot einen wildromantischen Anblick dar. Eine doppelte Kette hoher Berge umsäumte es von beiden Seiten. Sechs Wegstunden etwa trennten diese zwei Bergketten. Zwischen ihnen flossen von Westen nach Osten zwei Flüsse, von denen der eine fast immer ausgetrocknet war, während der andere seine Wasser ruhig zwischen dem hohen Grase fortwälzte, das eines seiner Ufer bedeckte, und das wie ein grünes Meer erschien, dessen Wellen sich am Saume eines dichten Waldes brachen. — In den trockensten Teilen dieses Waldes verschlangen sich üppig grünende Sträucher von Weiden und Dornbüschen, durchflochten von Linnen, zu fast unwegsamen Dickichten. Nur sehr schmale Pfade, die die Indianer mittelst scharfer Werkzeuge sich gebahnt, die aber kaum breit genug waren, eine Rothaut durch das überhängende Gesträuch hindurchschlüpfen zu lassen. —

Hierher brachten am sechsten Tage seiner Gefangenschaft die Comantschen ihren Gefangenen. Was mit ihm geschehen sollte, war ihm völlig unbekannt geblieben, obwohl er Schreckliches ahnte.

Da er sich im ersten Verhör, das der Häuptling mit ihm angestellt, geweigert, irgend eine Auskunft oder befriedigende Antwort zu geben, so hatte man es für überflüssig gehalten, sich auf ein nochmaliges Verhör mit ihm einzulassen, und führte ihn nun zur Marter.

Am Saume des Waldes angekommen, fesselte man ihn an Händen und Füßen, hob ihn auf den Rücken eines wilden, ungezähmten Mustangs, band ihn auf demselben mit Riemen aus Büffelhaut fest, und trieb nun das Pferd in das Dickicht des Waldes. Wild, weil mit Rutenhieben gepeitscht, stürmte das ungezähmte Roß wie eine Furie in den Wald, durchbrach das Dickicht der Dornen und Weidensträucher, zerriß Lianen und rauhes Gebüsch, dabei sich vergeblich bemühend, den unwillkommenen Reiter von sich abzuschütteln. Dabei gaben die Indianer Acht, daß Roß und Reiter den Wald nicht vorzeitig verließen, und trieben das Pferd, wenn es sich einmal durch das Dickicht hindurchgearbeitet, und am Rande des Waldes erschien, um denselben zu verlassen, immer wieder mit höllischem Geschrei in denselben zurück.

Und dies furchtbare Schauspiel dauerte so lange, bis das Pferd völlig erschöpft und unter seinem Reiter fast zusammengebrochen war. Als man endlich den unglücklichen Reiter aus seiner entsetzlichen Lage befreite, um ihn für weitere Martern aufzusparen, war er nicht nur am ganzen Körper zerstoßen, zerkratzt, geschunden, zerrissen, zerfleischt und zerstümmelt, sondern auch nahe daran, seinen Geist aufzugeben!

Diesen Zustand ihres Opfers begrüßten aber seine wilden Peiniger mit einem so höllischen Freudengeschrei, daß er meinte, er sei von einer Herde roter, höllischer Teufel umgeben.

Und doch war dieser furchtbare Akt nur der bei den Indianern gebräuchliche Anfang der Martern, die noch folgen sollten. —

Man brachte den Gemarterten nach dem Lager zurück, versicherte sich seiner jedoch in der Weise, daß man ihn mit ausgebreiteten Armen und Füßen auf den Erdboden legte, jede Hand und jeden Fuß an einen fest in die Erde gerammten Pfahl oder jungen Baum festband; und um ihm die Möglichkeit einer etwaigen Flucht völlig abzu=

schneiden, bog man einen jungen Baum quer über seinen Körper, so daß seine Arme fest auf den Erdboden aufgedrückt lagen, und schlang dann ein Bastseil, das man am Ende zu einer Schleife hergerichtet, um seinen Hals, dessen anderes Ende aber um einen jungen Baum.

In dieser Lage, nahezu nackend und den Schwärmen von Millionen Moskitos und Mücken ausgesetzt, war er gezwungen, die lange Nacht an der kalten Erde, und dem nassen Tau des Himmels ausgesetzt, zu verbringen.

Am nächsten Morgen befreite man ihn halbtot aus seiner entsetzlichen Lage, brachte ihn in seine Hütte, ließ ihn sorgfältig bewachen und pflegte sein, damit er nicht stürbe, und man ihn für die nächsten Martern wieder kräftiger fände.

Zwei Tage brachte er in seiner trostlosen Lage in der Hütte zu, gebrochen an Körper und Geist, und das Ende seiner Martern, den Tod sehnlichst herbeiwünschend.

Gegen Abend holte man ihn aus seinem Verstecke wieder hervor, um ihm dem Volke zur Schau auszustellen, dessen Mordlust kaum zu befriedigen war. Mehr denn zweihundert Männer, Weiber, Kinder, junge Burschen und Mädchen, Greise und alte Mütterchen, hatten sich bereits auf einem freien Platze außerhalb des Dorfes versammelt, um den unglücklichen Gegenstand ihrer Mordlust zu sehen. — Zur Befriedigung ihrer Rache durfte Jeder sein Mütchen an ihm kühlen, und so war er hunderten von Stößen, Püffen und Schlägen ausgesetzt, wobei man seine Spottlust an ihm ausließ, ihn angrinste, anspuckte und was dergleichen Schändlichkeiten mehr waren. Und alle diese Mißhandlungen wurden von einem höllischen Freudengeheul, von Tanz und Musik, wobei man ihn mit den Füßen stieß, und wie einen Hund traktierte, nebst andern Kundgebungen heidnischer Lustbarkeiten begleitet.

Aber alles dies war wieder nur das Vorspiel einer anderen, schauerlichen Marter, die er am nächsten Tage zu erdulden hatte, und woran die ganze Bevölkerung des Lagers sich beteiligte.

Die Marter eines Gefangenen ist eine Schule für die jungen Krieger, den Haß gegen die Feinde in ihrem Herzen wach zu rufen, und das Feuer der Rache in ihrer Brust zu schüren. Zugleich ist sie aber auch ein Schauspiel und ein Freudenfest, um den Racheburst der blutgierigen Mütter, Weiber und Verwandten der im Kampfe gefallenen Krieger zu befriedigen, da sie selbst Teil daran nehmen dürfen, den Gemarterten zu peinigen, und ihm die Qual zu bereiten, die er gezwungen ist, zu erbulden. —

Die Feierlichkeit begann am nächsten Morgen. L....b war nahezu nackend ausgezogen und seiner Fesseln entledigt, als er als das auserlesene Opfer der Festversammlung vorgeführt wurde. Die Indianer hatten sich in zwei Reihen, etwa sechs Fuß von einander, in einer langen Linie aufgestellt. Jeder von ihnen war mit einem Stock, Hickorywurzel, Peitsche, oder einem andern verwundenden Instrument bewaffnet, um es auf den nackten Feind niedersausen zu lassen. Zwischen diesen Linien, mehr denn eine viertel Meile lang, war der unglückliche Gefangene verurteilt, für sein Leben hindurch zu laufen, wobei er den von beiden Seiten auf ihn fallenden Geißelhieben seiner Peiniger ausgesetzt war, sobald er vorüber kam. War er, ehe er zusammenbrach, so glücklich, die am andern Ende stehende Ratshütte lebendig zu erreichen, so war er für den Augenblick gerettet.

In demselben Augenblick, als das Zeichen gegeben wurde, begann L....b seinen gefährlichen Lauf. Mit Aufwendung und Anspannung aller ihm zu Gebote stehenden Kraft, lief er schnell die Reihe entlang, während die Hiebe auf ihn niedersausten und er zahllose Schrammen, Striemen, Risse, Wunden und Beulen davontrug, bis er in die Nähe der ersten Hütten des Dorfes gelangte, wo er einen müßig stehenden Indianer erblickte, der mit dem Messer in der Hand seiner Ankunft harrte, um ihm, sobald er in seine Nähe gelangt, den Todesstoß zu versetzen.

Der Gemarterte erkannte sofort die Absicht des Mörders, um aber der Gefahr zu entgehen, durchbrach er gewaltsam die Reihe seiner Peiniger und lief so schnell ihn seine Füße zu tragen vermochten, der Ratshütte zu, verfolgt von dem wutentbrannten Haufen, der ein so entsetzliches Geheul ausstieß, daß der Verfolgte nicht anders meinte, als daß die Hölle alle ihre bösen Geister ausgeschüttet und auf ihn losgelassen habe.

Als er die Hütten des Lagers erreicht, von seinen Peinigern verfolgt, bei der Ratshütte glücklich angekommen war, stand ein Indianer in seine Decke gehüllt, bereit, ihn in Empfang zu nehmen. Denn in demselben Moment, in welchem er in die offene Ratshütte einzudringen versuchte, warf die Rothaut die Decke von sich und sprang auf ihn zu. Erschöpft von der übermenschlichen Anstrengung und den erhaltenen Wunden, lag L....b bald am Boden, und schon im nächsten Augenblick sah er sich umgeben von einem wilden Haufen, von denen jeder Einzelne auf ihn eindrang, und sich bemühte, ihn mit Stößen, Hieben, Fußtritten zu traktieren, auch wurde er wohl von Einzelnen gebissen, und das Alles darum, daß er ihnen entflohen und die Linie gewaltsam durchbrochen hatte.

Er war nun nahezu zu Tode gehetzt, und als man endlich von ihm abließ, geschah es nur aus dem Grunde, daß man meinte, er werde nun sterben.

Aber er starb nicht: nach Verlauf etlicher Stunden hatte er sich wieder etwas erholt. Sobald man sich überzeugt, daß er noch lebe, brachte man ihm zu essen und zu trinken, und gönnte ihm einige Tage Ruhe, damit er wieder soviel Kräfte sammle, in der Ratshütte vor dem Rate zu erscheinen, und hier endlich sein Urteil zu vernehmen.

Nach einer kurzen Beratung der Häuptlinge und Stammesältesten sollte es, wie es gebräuchlich war, öffentlich an ihm vollzogen werden, damit der Blutrache des ganzen Stammes Genüge geleistet würde, da man ihn für den Mörder Red Cloud's, des Häuptlings des Stammes, hielt. Als das Urteil bekannt gemacht wurde, brach ein so entsetzliches Freudengeheul der Wilden los, daß die Luft förmlich davon erschüttert wurde, unserm Gefangenen darüber aber die Haut schauderte und das Herz erbebte. —

Noch einmal wurde er gezwungen, die Marter des Spießrutenlaufens durch die Linien zu erdulden, und ihm dann eine lange Zeit der Ruhe gegönnt. —

Er mußte sich zuletzt über diese lange Ruhezeit wundern, und daß man noch immer zögerte, das Urteil an ihm zu vollstrecken.

Auch mit der Marter schien man es nicht mehr so eilig zu haben, ja, er konnte sogar wahrnehmen, daß in der letzten Zeit auch seine Bewachung sehr nachlässig betrieben wurde. So sah er an einem Abende, daß man für die kommende Nacht den alten Indianer, der dem Häuptling bei dem ersten Verhör, das dieser mit ihm angestellt hatte, einige Worte ins Ohr geflüstert, als Wachtposten aufgestellt hatte. Das nahm ihn Wunder; aber noch mehr verwunderte er sich, als diese alte Rothaut ihm freundliche Blicke zuwarf und da er diese nicht zu beachten schien, ihm endlich die Worte in englischer Sprache zurief:

„Die Berge der Wildnis sind hoch; die Wohnungen in ihren Felsen zahlreich, die Wasser der Flüsse laufen schnell, die Prärie ist weit und groß und das Präriegras lang gewachsen, wo die Präriehunde sich verbergen können; gehe das Bleichgesicht und sehe zu, ob es nicht so ist, wie der rote Mann ihm gesagt, und die Rose von Texas wird dann den Tod dessen nicht zu beweinen haben, den sie Vater nennt."

L....b glaubte seinen Ohren nicht trauen zu dürfen, als er diese Worte vernahm, doch verstand er sofort, was die alte Rothaut ihm damit andeuten wollte. Er sollte einen Fluchtversuch wagen, und da man ihn ungefesselt gelassen, der Alte auch bald eingeschlafen war, oder sich doch schlafend stellte, so war er alsbald entschlossen, den Wink zu beherzigen, und trat, als die Mitternachtsstunde herannahte, die Flucht an. Er entkam auch glücklich bis etwa drei Meilen von dem Lager. Hier aber begegneten ihm zu seinem Unglück zwei berittene Indianer, die ihn anhielten und sogleich erkannten. Sie trieben ihn in roher Weise nach dem Lager zurück. Damit war seine letzte Hoffnung und Rettung geschwunden, er ergab sich nun geduldig in sein unabwendbares Schicksal. —

Am Tage nach seiner Flucht erkannte er sofort, daß dieser Fluchtversuch ihm keinen Vorteil gebracht — sondern nur die Rache seiner roten Feinde zu neuen Martern hervorgerufen, da diese seine Leiden dann beinahe für immer beendet hätten. Er selbst glaubte, daß er nichts anderes sei, als ein von Gott verlassener, nichtswürdiger Mensch. Am nächsten Tage brachte man ihn an den nahen Fluß, warf ihn hinein und schleppte ihn durch Morast und Wasser, indem man ihn fortwährend untertauchte, und dies so lange fortsetzte, bis das Leben beinahe aus ihm entflohen war, dann ließ man ihn sterbend liegen.

Aber wunderbar, er überstand auch diese Tortur, und das Leben kehrte ihm wieder. Er wußte nicht wozu? Bald sollte es ihm jedoch klar werden.

Nach einigen Tagen wurde er endlich zur Execution abgeführt. Das Todesurteil sollte nun endgiltig an ihm vollzogen werden. Er dankte Gott, als es ihm angekündigt wurde.

Als er auf dem Richtplatz ankam, fiel sogleich ein roher Mensch über ihn her, der seine Bosheit an ihm durch Stöße, die er ihm versetzte, ausließ, und ihn wiederholt zu Boden warf. Aber dieser Mensch war kein Indianer, sondern ein Weißer. Das Gesicht des Gefangenen war bereits von den Indianern geschwärzt worden, als Vorbereitung zu dem Scheiterhaufen, auf den er soeben geführt werden sollte, und deshalb erkannte der Weiße den Gefangenen nicht. Dagegen aber erkannte L .... b den Weißen, und glaubte, als er ihn genauer betrachtete, nicht anders, als daß der Mann von den Toten erstanden sei. Er war niemand anders als sein Schwiegervater, der Vater seiner ersten verstorbenen Gattin, Rosa — der Großvater der Rose von Texas.

Die rohe Behandlung, die dieser Mann ihm zuteil werden ließ, verschloß ihm den Mund, so daß er sich nicht

zu erkennen geben wollte. Der Weiße wußte, daß der
Gefangene aus Texas war, also ein Freund der Amerikaner,
durch die er einst sein ganzes Vermögen verloren, und mit
seiner Tochter Rosa ins Elend geraten war. Dafür sollten
ihm nun die Weißen, besonders aber die Amerikaner büßen.
Vielleicht wollte er ihn durch diese üble Behandlung auch
zwingen, Aufklärung über gewisse Dinge zu geben, welche
die kriegerischen Angelegenheiten zwischen den kriegführenden
Parteien betreffe. Er war, weil er unter den Comantschen
lebte, die Amerikaner aber Bundesgenossen der Texaner
waren, ein Freund der Mexikaner geworden.

Er fragte ihn unter anderem, wie viele Menschen in
dem Teile von Texas wohnten, aus welchem er käme, und
da L.....b diese Frage nicht beantworten wollte oder
konnte, fragte er nach den Streitkräften der Texaner, nach
dem Kommandanten von San Antonio, nach General
W..... und anderen Dingen. Auf alle diese Fragen
gab der Gefangene keine oder ausweichende Antworten.

Nun nannte er mehrere Namen von Männern, die
ihm in Arkansas bekannt geworden und die sich zu seiner
Zeit dort aufgehalten. Endlich fragte er: „Kennst Du
Moritz L.....b, der früher in Arkansas wohnte, und
nach Texas verzog, wo er einen Grocerie-Laden hält?"

„Ganz genau", antwortete L.....b, „er ist der
Schwiegersohn eines gewissen D....., der seine Tochter
Rosa bei ihm zurückließ, als der Vater zu den Indianern
ging, um mit diesen einen Tauschhandel zu beginnen, von
dort aber nicht wiederkehrte, da er von den Indianern er=
mordet wurde. So wurde damals wenigstens seiner Tochter
Rosa berichtet. Rosa selbst wurde dann etwas später
L.....b's Frau."

Der Weiße horchte auf — mit großem Erstaunen
blickte er auf den Gefangenen — eine dunkle Ahnung stieg
in ihm auf. Diese Stimme — wo — wo hatte er sie
denn schon gehört?

Endlich fragte er: „Und wie heißt denn Du?"

„Moritz L.....b; ich bin der Mann, nach dem
Du mich eben fragtest."

„Das — das ist nicht wahr — das kann nicht wahr sein!" erwiderte der Weiße, aber sobald der Gefangene seinen Namen ausgesprochen, verwandelten sich seine wilden, wütenden Züge plötzlich.

„Laß mein Gesicht abwaschen, dann wirst Du mich sogleich wiedererkennen, wie ich Dich, trotz Deiner wilden Kleidung, auch sogleich wiedererkannt habe, denn Du bist meines verstorbenen Weibes Rosas Vater — mein Schwiegervater D . . . . b".

„Um Gotteswillen, Mensch, was sprichst Du da?"

„Die Wahrheit!"

„Well, wenn Deine Worte Wahrheit sind, und ich nehme sie einstweilen dafür — dann verhalte Dich jetzt vor allen Dingen ruhig — sprich kein Wort weiter — ich will Dich vor dem schrecklichen Feuertode zu bewahren suchen. Die Indianer werden bald auf uns aufmerksam — es wird schwer halten — laß Dich aber durch nichts irre machen, und bist Du mein Schwiegersohn — dann muß ich zunächst einen Aufschub der Execution versuchen — doch wie? Gott weiß es. Das rote Volk ist entsetzlich in seiner Blutgier — verlaß Dich aber auf mich — well — ich hab's schon! Eine weitere Unterredung müssen wir bis auf spätere Zeit verschieben."

Damit entfernte er sich von dem Gefangenen, und gab dem jungen Häuptling, dem „schwarzen Adler," einen Wink. Dieser trat mit ihm zur Seite, und beide hatten nun eine lange, heimliche Unterredung miteinander.

Noch hatte der Häuptling das Zeichen zum Beginn der Festlichkeit nicht gegeben, obgleich das ganze Volk der Comantschen bereits mit Ungeduld auf dasselbe wartete — aber noch immer verhandelte der „schwarze Adler" mit dem bleichgesichtigen Häuptling, der bei dem ganzen Stamme in hohem Ansehen stand. Der Weiße war erst heute von einer längeren Reise nach dem Untergange der Sonne zu, zurückgekehrt, und mußte sehr wichtige Nachrichten mitgebracht haben, so wichtig, daß sie den Häuptling hinderten, das Fest beginnen zu lassen.

Endlich war die Unterredung zu Ende. Der Häuptling trat in den Kreis zurück, winkte mit der Hand zum Zeichen, daß er sprechen wolle, und da alle Augen auf ihn gerichtet waren, trat auch augenblickliche und feierliche Stille ein.

„Volk der Comantschen", hob der „schwarze Adler" laut und vernehmlich an, „Euer Häuptling hat Botschaft empfangen, die es ihm zur Pflicht macht, die beabsichtigte Festlichkeit auf einige Zeit hinauszuschieben. Ich weiß, daß mein tapferes Volk dies ungern hört, wo aber ernstere Dinge eintreten, muß die Lust und Freude weichen. Der Rat meines Volkes wird sich im nächsten Augenblick in der Ratshütte zu versammeln haben, und meine Krieger mögen ihre Waffen prüfen, ob sie zum augenblicklichen Kampfe bereit sind und die Streitäxte schärfen. Führt den Gefangenen in seine Hütte zurück, und Du, mein tapferes Volk, suche Deine Wigwams auf — ehe ein fremdes Volk seine Herdfeuer darin anzündet. Euer Häuptling hat gesprochen."

Das waren schwere Worte und eine Nachricht von weittragender Bedeutung. Jeder wußte, daß Gefahr im Verzuge sei, wenn der Häuptling solche Worte redete.

In wenigen Minuten war man seiner Aufforderung denn auch ohne Murren nachgekommen. Die Häuptlinge und Aeltesten des Stammes eilten nach der Beratungshütte, die Krieger nach ihren Wohnungen, um ihre Waffen in Bereitschaft zu setzen, und die Weiber und Kinder huschten flüchtigen Fußes dem Lager zu, und verschwanden hinter den Zeltdecken der Wigwams, während man den Gefangenen, mit dem der weiße Häuptling eine Unterredung in einer fremden Sprache gehalten, nach seinem Gefängnis zurückführte, wo er auf Befehl des Häuptlings schonend behandelt und gut gepflegt werden mußte.

VII.

Ein falscher Freund.

Die Bewohner von Victoria waren in großer Aufregung, teils aus Furcht vor Ueberfällen durch die Indianer, teils auch darum, weil ihnen die Nachricht zugegangen, daß mehrere mexikanische Staaten eine Sonder=Union geschlossen zur Fortsetzung des Krieges gegen Texas bis auf den letzten Mann. Wie benn die Mexikaner überhaupt auch das streitige Gebiet von Texas und Entschädigung der mexikanischen Bürger verlangten. Santa Anna war zwar noch immer Präsident von Mexiko, aber auch Paredes, sein Gegner=Präsident hatte erklärt, er werde den Krieg fortführen, so lange noch ein Amerikaner auf mexikanischem Boden stehe.

Dazu gesellte sich noch die Nachricht von dem Verschwinden Rosa's. Das kühne Wagnis des jungen Mädchens hatte der Missionar von Guadaloupe der tiefbekümmerten Mutter berichtet. Der Umstand, daß der treue Bullow mit Rosa verschwunden, am Morgen des nächsten Tages aber allein zurückgekehrt war, ließ vermuten, daß Rosa ein Unglück zugestoßen.

Die Männer von Victoria ließen den Führer der Rangers M. Pearson auffordern, die Prärie mit ihren Waldinseln zu durchsuchen, aber es fand sich nirgends eine Spur des verschwundenen, jungen Mädchens. Rosa konnte unmöglich einen derartigen Vorsprung gewonnen haben, um von Männern, die gut zu Pferde waren, nicht erreicht zu werden.

„Ich habe nicht gewußt, daß Texas so einförmige Prärien — — diese aber einen so herrlichen Blumenflor aufweisen könnten, wie ich ihn in dieser Jahreszeit überall noch um mich her erblicke," sagte ein sehr hübsches junges Mädchen zu ihrem Begleiter, dessen ganzes Aussehen den Trapper verriet. „Mein Vater hat mir nie davon gesagt. Doch warum schlagen wir eine so weit nach Süden führende Richtung ein, da doch die Comantschen im nordwestlichen Texas wohnen, Mstr. K....", setzte sie fragend hinzu.

„Wir mußten diesen Umweg wählen, um den herumstreichenden Apatschen nicht zu begegnen und ihnen in die Hände zu fallen," gab der Trapper zurück, den der Leser als den Mann, zu dem Rosa — denn diese war das junge Mädchen — ihre Zuflucht genommen, erkannt haben wird. „Ich habe Dir das schon zu wiederholtenmalen gesagt."

„Sei nicht böse," entgegnete Rosa mit ihrer sanften Stimme, „glaubst Du wirklich, daß Du ein Wort der Fürbitte für meinen Vater bei den Comantschen einlegen kannst, uud dasselbe von Erfolg sein wird?"

„Wie oft soll ich's Dir denn sagen, daß der Häuptling der Comantschen mir befreundet ist, und die Bitte, Deinem Vater die Freiheit zu schenken, nicht abschlagen wird."

„O!" rief Rosa, „dann darf mein armes Herz doch wieder hoffen, und meiner guten Mutter hast Du auch eine Botschaft zugehen lassen, daß sie wegen meiner sich vollständig beruhigen kann, nicht wahr, Mstr. K....?"

„Der Bote, den ich ihr zusandte, ist zuverlässig," versetzte der Trapper, indem ein hämisches Lächeln seine Lippen umspielte. Rosa bemerkte es und sah ihn erstaunt an.

„Wir können von jetzt ab nur des Tages reisen, weil wir die Augen offen halten müssen, um den Apatschen zu entgehen," meinte der Trapper.

„Ist denn Gefahr vorhanden, ihnen zu begegnen?"

„Gewiß, ich muß aber erst, ehe wir unsern Weg fortsetzen, nach der Niederlassung Oackville hinüber, deren Bretterhäuser dort aus der Ferne herüberlugen. Ich habe da ein Geschäft zu besorgen, das mich aber auch nicht lange aufhalten wird.

Nach Verlauf einer halben Stunde hatten die beiden Reisenden zu Pferde die Ansiedelung erreicht. Rosa mußte auf Anordnung des Trappers ihr Antlitz mit einem Schleier verhüllen, ehe sie vor dem Gasthause des Städtchens ankamen und ihre Pferde anhielten. Der Trapper schwang sich aus dem Sattel, und sofort drängte sich ein fremder Indianer an ihn heran, dessen Stammeszugehörigkeit Rosa fremd war. Daß er weder ein Comantsche noch Navajo war, sah sie auf den ersten Blick. Sie verstand auch die Sprache nicht, in welcher sich beide Männer nun unterhielten, sah aber aus ihren Mienen, daß es sich um eine wichtige Angelegenheit handelte. Der Indianer, welcher dem Stamme der Apatchen angehörte, was Rosa aber nicht wußte, hatte dem Trapper die Neuigkeit gebracht, daß die weiter nördlich wohnenden Comantschen das Tomahawk gegen die südlich hausenden Apatschen ausgegraben, und beide Stämme den Kriegspfad gegeneinander betreten, es darum auch nicht geraten sei, die Reise nach Westen fortzusetzen, wo die feindlichen Comantschen in großen Haufen herumschwärmten.

Der Trapper geriet in eine nicht geringe Bestürzung, hatte er doch die schändliche Absicht, die Rose von Texas in die Hände des Apatschenhäuptlings auszuliefern, und wenn er dabei den Comantschen in die Hände fiel, war nicht nur er, sondern auch das junge Mädchen und mit ihr der verheißene Lohn an Goldstaub und Pelzen verloren. Ueberdies war ihm auch nicht verborgen geblieben, daß der junge Comantschenhäuptling, der „schwarze Adler" danach trachtete, das junge hübsche Mädchen für sich zu gewinnen und zu diesem Zwecke die Ansiedlung Cuero überfallen und niedergebrannt hatte. Freilich, es war ihm bei dieser That, die zugleich ein Akt der Blutrache gegen Rosa's Vater sein sollte, nicht gelungen, Rosa zu entführen, aber den Plan, sie zu besitzen, hatte er keineswegs aufgegeben.

Der Trapper ballte die Hände und deutete hastig sprechend auf Rosa. Der Indianer wandte erst jetzt den jungen Bleichgesicht seine Aufmerksamkeit zu, und musterte sie mit scharfen Blicken.

„Du darfst die Reise nach unserem Lager mit ihr nicht unternehmen. Unsere Krieger befinden sich auf dem Kriegspfade und sind zum größten Teil vom Lager ab=

wesend; sie würde schutzlos sein, wenn die Comantschen das Lager überfallen sollten und könnten sie dann sehr leicht entführen."

„Maten à los Carajos! (macht die Schurken nieder!") rief der Trapper grimmig, „sonst verliere ich den versprochenen Lohn. Dein Häuptlig will die Rose von Texas in seinem Wigwam führen, und ich habe ihm versprochen, sie ihm zu bringen. Schau sie Dir nur an, Rothaut, es ist ein prächtiges, junges, wunderschönes Exemplar."

Damit wandte er sich, von dem Indianer gefolgt, dem Hôtel zu. Beide verschwanden im Innern des Hauses; und als dann der Trapper nach einer Viertelstunde allein zurückkehrte, fand er Rosa in großer Bestürzung, was ihm nicht entging. Eine entsetzliche Ahnung war ihr, während er im Hause verweilte, aufgegangen. Sie hatte zwar die Sprache nicht verstanden, in der Beide sich unterhielten, aber ein bekanntes Wort war doch an ihr Ohr gedrungen und dies mußte sie auf sich beziehen, — das Wort: „Exemplar."

Es dämmerte nun in ihrer Seele der Verdacht herauf, daß der Trapper ein falsches Spiel mit ihr getrieben, und aus diesem Grunde den Umweg eingeschlagen. Doch hielt sie ihre Empfindungen wohlweislich noch zurück, und beschloß, auf ihrer Hut zu sein.

„Hast Du Deine Geschäfte abgewickelt, die Dich in diese Niederlassung geführt?" fragte sie mit möglichst freundlicher Stimme, „und werden wir nun nach Nordwesten weiter ziehen — zu meinem Vater?"

Der Trapper entgegnete nach einer längeren Pause:

„Mein roter Freund teilte mir vorhin mit, daß zwischen den Comantschen und Apatschen der Krieg ausgebrochen, und es aus diesem Grunde unmöglich sein werde, die Comantschen zu erreichen, da sie ihren Lagerplatz fortwährend wechseln. Ich werde Dich nach der Rancho des Mstr. F.. bringen, der mein Freund ist, und uns gerne seine Gastfreundschaft so lange erzeigen wird, bis wir weiter ziehen können."

„Und wie lange wird das dauern?"

"Das kann ich unmöglich wissen, wir brechen aber sofort dahin auf."

Rosa wußte nicht, was sie aus der Rede des Trappers machen sollte; nur eins war ihr klar, daß sie von dem Manne, dem sie sich so rückhaltslos anvertraut, betrogen wurde. Sie spannte, während sie an seiner Seite ritt, alle ihre Gedanken an, wie sie wohl dem falschen Manne entfliehen könne. Sie mußte sich zuletzt ihre Ohnmacht eingestehen, denn was konnte sie, ein schwaches 13jähriges Mädchen, gegen einen Trapper, der noch dazu gut bewaffnet war, ausrichten? Hier konnte nur Gott vom Himmel helfen!

Der Trapper änderte nun den Cours, und ritt mit ihr in nordwestlicher Richtung weiter. Immer lauter und stürmischer begann das Herz des armen Mädchens zu pochen, und das Grauen vor der nächsten Zukunft kannte keine Grenzen. Mit einer nicht zu beschreibenden Hast streifte ihr umflorter Blick — da sie den Schleier wieder zurückgeschlagen, in die Ferne, gleichsam als müßte ihr von dort her die Rettung kommen.

Plötzlich begann das erstorbene Feuer in ihren Augen wieder aufzusprühen, denn eine Staubwolke kündigte ihr an, daß sich dort in der Ferne eine Anzahl Reiter näherte.

Rosa kannte weder die Gegend noch den Pfad, den ihr heimtückischer Führer eingeschlagen, um so größer war daher ihr Erstaunen, als ihr scharfes Auge Reiter erkannte, die den ihr wohl bekannten Rangers sehr ähnlich sahen.

In demselben Augenblick, als der Trapper den Zug Reiter entdeckte, befahl er ihr in barschem Ton, das Angesicht völlig zu verhüllen, damit man sie nicht erkenne.

Ja, diese Rangers mit ihren bärtigen sonnverbrannten Gesichtern mußten die Freunde Rosa's und ihre Retter sein; das war der Gedanke, der ihren gebrochenen Mut wieder aufrichtete.

Die abgerissenen Laute, welche zu Rosa herüberdrangen, gehörten der englischen Sprache an, in welcher sie sich unterhielten; auch blitzten die Läufe ihrer Waffen ihr entgegen, welche die Grenzwächter verrieten.

In freudiger Hoffnung blickte sie den Näherkommenden entgegen; ja, die reitenden Rangers erschienen ihr wie rettende Engel aus der andern Welt

Trotz des freundlichen Grußes, den man sich gegenseitig spendete, sah der Trapper doch grimmig drein, und man sah ihm deutlich an, daß das Zusammentreffen mit den gefürchteten Rangers ihm höchst unwillkommen war. Offenbar suchte er nun Rosa an seiner Seite festzuhalten, und indem er mit ihr zur Seite ritt, um die Reiter passiren zu lassen, suchte er sie mit seinem bedeutend größeren Pferde und seiner breiten Person vor den Augen des scharfblickenden Führers zu verdecken.

Diese Vorsicht machte jedoch Rosa zu nichte, indem sie sich höher im Sattel erhob, die rechte Hand bittend ausstreckte und in flehendem Tone zu dem Führer hinüberrief:

„Rettet ein armes Mädchen, das von diesem falschen Manne getäuscht wurde, und irgendwo in einem Indianerwigwam sein Leben beschließen soll, Mstr. Pearson."

Ein gräulicher Fluch entrang sich des Trappers Lippen; zornig blickte er Rosa an, und riß das Skalpmesser aus seinem Gürtel.

„Stecke Dein Messer an seinen Ort, Du falscher Judas, oder Dein Schädel wird im nächsten Augenblick von meiner Kugel zeschmettert!" rief drohend der Führer, der wirklich der uns bekannte Pearson war, dem Trapper mit vorgehaltener Pistole zu. „Und Du, Rose von Texas — denn das bist Du ja wohl? komm an meine Seite. Trotz Deiner Vermummung erkenne ich Dich an Deiner Stimme wieder, die mir nur zu bekannt ist," setzte er hinzu.

„Ja, Mstr. Pearson, ich bin's!" rief Rosa und hielt im nächsten Augenblick mit ihrem Pferde an der Seite ihres Retters.

„Der Häuptling der Apatschen wird mich gegen Euch schützen. Wie könnt Ihr Euch unterstehen, für ein Mädchen einzutreten, deren Worte Lügen sind. Freiwillig kam sie zu mir, freiwillig begleitete sie mich und bestürmte mich mit Bitten, ihr meine Hülfe zu gewähren, damit durch meine Vermittelung ihrem Vater die Freiheit wiedergegeben würde, den die Comantschen gefangen halten," warf der Trapper ein.

„Das wollen wir bald erfahren, ob das Mädchen lügt," entgegnete der Führer, „nur schade, daß der Depeschenreiter D...mann noch hinter uns zurück ist, der würde uns bald darüber berichten können, ob Ihr ein Freund der Apatschen oder der Comantschen seid."

„Ich bin ein Freund beider Stämme!" entgegnete der Trapper.

„Das kann sein, oder auch nicht. Vorläufig herunter vom Pferde, Freund Trapper," setzte der Führer befehlend hinzu, während er Rosa, die inzwischen ihre Vermummung abgeworfen, beim Absteigen hülfreiche Hand leistete.

„Freue mich, Röschen, daß ich wieder einmal Dein Retter sein kann, wie aber kommst Du in die Gesellschaft dieses Trappers, und ganz mutterseelenallein?" fragte Pearson.

„Das erzähle ich Euch später, Sir, vorläufig meinen herzlichsten Dank, und die Versicherung, daß ich Euch keine Lügen sage." —

„Glaub's schon, Röschen!"

Knirschend vor Wut war der Trapper dem Befehle Pearsons nachgekommen. An Hülfe durfte er nicht denken, denn in diesem Augenblicke war Niemand in der Nähe, der ihm hätte Beistand leisten können, so versuchte er es, dem Führer einige Goldstücke zu zeigen, und deutete an, daß er ihm mehr geben könne, wenn er ihn und das Mädchen ruhig des Weges ziehen ließe.

„Aha, alter Bursche, für dreißig Silberlinge also dies unschuldige, junge Blut! Hatte ich nicht recht, als ich Dich mit Deinem rechten Namen belegte und einen falschen Judas nannte? Schade nur, daß Du Dich mit Deinem Blutgeld an den unrechten Mann wendest, und Deinen Judaslohn nicht anbringen kannst. Danke Gott, wenn Du noch mit heilen Knochen davonkommst, Du alter grauer Bösewicht! — für so dumm hätte ich Dich wahrlich — ..."

Er brach seine Rede jäh ab, und fuhr mit der Faust durch die leere Luft, gleichsam als wollte er den in ihm aufsteigenden Zorn damit verscheuchen.

Rosa, welche immer freier aufatmete, warf einen Blick der Verwunderung auf ihren hochherzigen, kühnen Retter. Dann fragte sie nach dem Depeschenreiter und erfuhr von Pearson, daß dieser mit dem Nachtrab der Rangers, die in zwei Abteilungen operierten, noch in dieser Nacht zu ihnen stoßen werde, und daß man schon seit langer Zeit nach ihr gesucht habe.

„Doch für jetzt teile uns in Kürze Dein trauriges Schicksal mit, das nicht ganz ohne Deine Schuld über Dich gekommen, und was Dich in die Gewalt dieses falschen Mannes brachte," setzte der Führer hinzu.

Der Trapper wollte Einwendungen machen, allein eine drohende Bewegung, welche Pearson mit der Schußwaffe machte, brachte ihn schnell zur Ruhe.

Rosa erzählte in kurzen Zügen ihre jüngsten Erlebnisse und schloß mit der Schilderung, die heute den Verdacht in ihr geweckt, daß sie von dem Trapper schmählich betrogen und hintergangen worden sei

„O die Undankbare, die Lügnerin!" rief der Trapper wütend dazwischen.

„Und ich sage Dir, alter, grauer Sünder, daß Du lügst. Seit wann führt der Weg von Victoria zu den nördlich wohnenden Comantschen über Oackville?"

„Die Comantschen haben den Kriegspfad gegen die Apatschen betreten," gab der Trapper trotzig zur Antwort, „deshalb mußte ich den Umweg wählen, um zunächst die Apatschen aufzusuchen. Mit ihrer Hülfe will ich dann den Vater des Mädchens aus den Händen der Comantschen zu befreien suchen."

„O Du verlogener, alter Bursche!" lachte der Führer zornig auf. „Meinst Du, ich wüßte es nicht, daß, wenn diese Rose von Texas sich erst in den Händen des Häuptlings der Apatschen befände, sie nie wieder zum Vorschein

kommen würde? Was der Häuptling „Bärenklaue" erst
zwischen seinen Tatzen hält, entrinnt ihm nicht wieder.
Bekenne die Wahrheit, Du hast dieses junge Mädchen an
Bärenklaue ausliefern und dafür einen hübschen Judaslohn
in Empfang nehmen wollen? Antworte oder ich lasse
Dich meinen Arm fühlen!"

Der Trapper verneinte zögernd.

„Nun wohl, das Mädchen ist freiwillig zu Dir gekommen, nicht wahr?

„Freilich ist sie das."

„Ist Dir auch freiwillig gefolgt, wie?

„Gewiß!"

„Dann soll sie jetzt auch selbst entscheiden, ob sie von diesem Augenblicke an Dir oder mir folgen will."

Die frohe Antwort Rosa's können wir uns denken, allein damit sah nun der Trapper auch alle seine Pläne in's Wasser gefallen und rief:

„Das Mädchen will zu ihrem Vater, ich habe das Versprechen gegeben, sie zu ihm zu führen und unsere Ankunft im Lager der Apatschen bereits anmelden lassen, sie muß mir folgen."

„Ich bin mit Dir fertig, Du alter Graukopf, und wenn Dir Dein Leben noch etwas gilt, so reite eiligst auf Deinem Mustang davon, denn ich kann nicht länger dafür einstehen, daß ich den Lauf meiner nie fehlenden Flinte gegen Dein nichtsnutziges, graues Haupt richte. Mache so schnell wie möglich, daß Du mir aus den Augen kommst."

Er griff nach seiner geladenen Waffe. Der Trapper sprang eiligst auf sein Pferd, und ritt, indem er die Worte ausstieß: „Der alte Trapper K.... vergißt eine derartige Beleidigung nie, und Bärenklaue wird die Rose von Texas dennoch pflücken!" schleunigst davon. — —

Am Abend machten die Rangers in einem Thalkessel Halt. Hier stieß auch der von D...mann geführte Nachtrab zu ihnen, und unser Depeschenreiter war nicht wenig überrascht, die Rose von Texas im Lager vorzufinden, nach der er so lange vergeblich gesucht. Mit hoher Freude hieß er das Mädchen willkommen, und nahm den größten Anteil an Rosa's Schicksal, stellte ihr aber auch das Nutzlose ihres beabsichtigten Schrittes vor, den Vater aus den Händen der wilden Comantschen zu befreien. Das sei eine Aufgabe für ein Regiment Soldaten, aber nicht für ein schwaches, dreizehnjähriges Mädchen. —

Während die Mitglieder der Grenzwächter, nachdem sie ihr einfaches Abendbrot verzehrt, in ihre Decken gehüllt, ihre müden Glieder auf dem weichen Grasboden ausstreckten, saß Rosa, bei den beiden Männern, Pearson und D...mann, an dem Stamme einer Sykamore. Sie erzählte nun ausführlich ihre letzten Erlebnisse seit der Gefangennahme, und daß sie den Trapper aufgesucht, um seine Mithülfe für die Befreiung des Gefangenen zu erlangen. Die beiden Freunde teilten auch ihre Erlebnisse und Abenteuer mit, wie sie die verschwundene Rosa vergeblich gesucht, und sie nun doch noch so unerwartet wiedergefunden.

So gingen ein paar Stunden hin, und als dann Rosa ihr Lager aufsuchte, das man ihr in nicht weiter Entfernung von den Freunden, die sie bewachen wollten, angewiesen und bereitet hatte, bekundeten ihre roten Augen, daß sie viel geweint hatte.

Pearson umging noch einmal, ehe er sich zur Ruhe niederlegte, das Lager, sah nach den ausgestellten Wachen, ob sie sich auf den ihnen angewiesenen Posten befanden, empfahl ihnen die größte Wachsamkeit und Vorsicht, und streckte sich dann in der Nähe seines Freundes D...mann auf sein bereitetes Lager nieder.

Mitternacht war längst vorüber — Totenstille lagerte über der Prärie und der kleinen Waldinsel, in deren Schutz die Rangers ihre Ruhe gesucht und gefunden. Das Säuseln des Nachtwindes in den Blättern der Bäume, das Wogen und Rauschen des hohen Präriegrases waren die einzigen vernehmbaren Laute, welche die nächtliche Stille hie und da unterbrachen. Kein Tier, kein Vogel ließ sich vernehmen, nur dann und wann ertönte das Geheul eines Wolfes in weiter Ferne. Im Lager brannte das Feuer, das ein Wächter zu unterhalten hatte und dem er von Zeit zu Zeit neue Nahrung zuführte. Sonst herrschte tiefste Ruhe.

Es mochte gegen 2 Uhr morgens sein, als plötzlich ein markerschütternder Schrei durch die Stille der Nacht hallte, der das Lager der Rangers im Nu in Aufregung versetzte, und sofort alarmierte. Jeder griff zunächst nach seiner Waffe, und eilte den sich verbergenden Feind aufzusuchen. Aber da war nirgends ein Feind zu entdecken. Die Wachen meldeten, daß sie wohl den Schrei gehört, aber nichts Verdächtiges gesehen hätten. Die Männer beruhigten sich wieder, aber nun fiel unserem Depeschenreiter ein, daß sich ja Rosa im Lager befinde, sollte sie den Schrei ausgestoßen haben? Kaum möglich, denn ihre Schlafstelle befand sich ja in unmittelbarer Nähe des Lagers. Im ersten Augenblick der Aufregung und in dem noch halbschlaftrunkenen Zustande, hatte er sich nicht sogleich daran erinnert, daß das Mädchen in ihrer Mitte weile. Schnell wie der Wind flog er nun der Stelle zu, wo man Rosa das Lager bereitet hatte. Er tastete mit seinen Händen nach dem Mädchen umher — er glaubte sich zu irren, denn die Stelle war — — leer, und Rosa verschwunden. Jetzt schlug er sich mit der Hand vor die Stirn. Das war also der Schrei gewesen — das arme Kind hatte um Hülfe gerufen — und Niemand hatte ahnen können, daß der Räuber die Kühnheit haben, und das Mädchen aus der Mitte des Lagers der so gefürchteten Rangers stehlen würde.

„Kapitain!" rief er seinem Freunde Pearson zu, „die Rose von Texas ist uns wieder geraubt."

„Unmöglich!" gab dieser betroffen zurück.

„Die Stelle ihres Lagers ist leer — das Mädchen ist verschwunden."

„Wie sollte das möglich sein? Haben denn unsere Wächter geschlafen?"

„Nein, geschlafen haben sie nicht; ich habe von Zeit zu Zeit die Runde gemacht, und die Wächter stets wachend gefunden", erwiederte der wachehaltende Lagerwächter, der das Feuer zu schüren hatte.

„Dann ist es mir ein Rätsel, daß das Kind gestohlen werden konnte."

„Mag dem nun sein wie ihm wolle, das Mädchen ist fort", sagte D...mann.

„Dann holt die Pferde, wir müssen dem Hallunken, dem Graukopf von Trapper, das Kind sofort wieder abjagen. Vorwärts marsch!" kommandierte der Führer.

Schon nach wenigen Minuten saß der ganze Trupp, der wohl aus 25 tapferen jungen Männern bestand, wieder im Sattel, während man durch zwei andere nach der Spur des Räubers suchen ließ.

Die Spur eines Mannes, welche man in dem niedergetretenen Grase entdeckte, führte nach dem Nuccesflusse hinunter. Hier verschwand sie — ein Beweis, daß der Räuber den Fluß gekreuzt, oder seinem Laufe gefolgt war. Wohin sollte man sich nun wenden? Auf Anordnung des Führers teilten sich die Männer in drei Abteilungen, von denen die eine über den Fluß ging, um dort die Spur zu suchen, die andere dem Laufe des Flusses abwärts und die dritte demselben aufwärts folgte. Am nächsten Tage gegen Mittag wollte man sich wieder auf dem Lagerplatz zusammenfinden, um sich das Resultat der Nachforschungen mitzuteilen und Rosa, falls sie gefunden würde, wieder nach ihrer Heimat zurückzubringen.

Daß die Nachforschungen mit der nötigen Sorgfalt und allem Eifer betrieben wurden, dürfen wir von diesen Männern, besonders von dem Führer und seinem Freunde D...mann voraussetzen, und dennoch führten dieselben zu keinem befriedigenden Resultat; denn Alle kehrten um die bestimmte Stunde mit der Botschaft nach dem Lagerplatz zurück, daß man eine weitere Spur über den Verbleib Rosa's nicht habe entdecken können und man sich vergeblich bemüht habe.

Zornig und niedergeschlagen über eine solche Schmach, wie die Rangers sie in dieser Nacht erleben mußten —

und unter vielen Vorwürfen, welche die beiden Führer sich selbst machten, weil sie nicht besser über das Mädchen gewacht, setzten sie ihren Weg nach Westen fort, wo die endlose Prärie sie bald wieder in ihrem unermeßlichen Schooße aufnahm. —

VIII.

Befreit, gefangen und endlich gerettet.

Von der Stadt San Antonio in nordwestlicher Richtung etwa 150 Meilen entfernt vereinigen sich die Gebirgszüge der Sierra de Texas, welche sich in nordöstlicher Richtung bis nach Arkansas und weiter hinziehen, mit den Gebirgszügen der Sierra de Guadaloupe, die nach Nordwesten bis nach New=Mexico ihren Lauf fortsetzen.

Hier in dem Knotenpunkte dieser beiden großen Gebirgs= züge in mitten einer ungeheuren Wildnis, umgeben von hochromantischen Scenerien, schönen Thälern, kleinen Seen, Flüssen und Bächen, Schluchten und dunklen Wäldern, welche die westlichen Außenseiten des Texas=Gebirges bilden, treffen wir im Sommer des Jahres 18.. zwei Männer, die nun schon seit etlichen Tagen herumstreifen, und in südwestlicher Richtung ihren Weg fortsetzen.

M. D.... ein schon bejahrter Mann mit starkgebräuntem Gesicht, trug einen Rock von Elennsfell, Lappins und Moccassins von demselben Stoff, und Kopfbedeckung von Bärenfell, so daß er fast aussah, wie ein echter Indianer.

Sein Begleiter war bedeutend jünger, und trug die gewöhnliche Kleidung der Texaner, wie sie damals üblich war. Einfache wollene Hose, Rock und Weste, Lederschuhe und den bekannten großen spanischen Hut. Beide waren mit guten Flinten und Bowiemessern bewaffnet und streiften durch die Berge. Ihr Ziel war das südliche Texas. Den Tag über suchten sie Beute für den Hunger, an der es ihnen selten gebrach, am Abend machten sie sich ein Feuer an, brieten das saftige Fleisch eines Prärichuhnes, und verbrachten die Zeit mit Erzählung ihrer Erlebnisse, bis sie sich ermüdet in ihre Decken hüllten und, das Gewehr schußfertig, schlafen legten. Vor einer Begegnung mit den Rothäuten suchten sie sich sorgfältig zu hüten. Hatten sich doch Beide den wilden Comantschen nur durch heimliche Flucht zu entziehen vermocht, und ihnen wieder in die Hände zu fallen, dazu verspürten sie wenig Lust. M. L…d und sein Schwiegervater D…. — daß es diese beiden Männer waren, hat der Leser wohl schon erraten — hatten sich einander viel zu erzählen, und um den Leser darüber aufzuklären, wie sie endlich ihre Flucht ausführten, müssen wir das Versäumte hier nachholen.

Daß die Apatschen und Comantschen von jeher geschworene Feinde waren, ist allbekannt; daß sie sich in einzelnen harten Kämpfen einander zu vertilgen suchten, ist eben so wahr.

Nun, ein solcher Kampf zwischen den zwei feindlichen Stämmen stand auch bevor, als D….. seinen Schwiegersohn am Scheiterhaufen der Comantschen vorfand. Er selbst hatte auch einst, wie er M. L…. b erzählte, als Gefangener der Comantschen all die Martern erbulden müssen, die L…..b ausgestanden, und wäre dabei gewiß zu Grunde gegangen und auf dem für ihn bereits angezündeten Scheiterhaufen umgekommen, wenn nicht eine junge Indianerin, Na—ha—la, die Tochter des Häuptlings Red Cloud, noch im letzten Augenblick für ihn eingetreten, und im Angesichte des ganzen Volkes die Erklärung abgegeben, daß sie das Bleichgesicht zum Gatten begehre.

Diese Erklärung, so erzählte D…. seinem Schwiegersohne weiter, habe ihm das Leben gerettet, und aus Dankbarkeit gegen das liebliche Mädchen habe er sich dann wohl oder übel entschließen müssen, sie zum Weibe zu nehmen. Anfänglich von dem ganzen roten Volke mit großem Mißtrauen behandelt, und jeden seiner Schritte aufs sorgfältigste überwachend, sei das Mißtrauen doch allmählich geschwunden, und da er sich stets furchtlos und tapfer gehalten, sich auch in ihre Art und Weise geschickt, und nie vor ihnen lächerlich gemacht, sei er auch mehr und mehr in ihrer Achtung gestiegen, und habe es endlich dahin gebracht, daß man ihn den weißen Häuptling genannt und auch öfter auf seinen Rat gehört.

Zu einer Reise nach Arkansas habe aber der alte Häuptling ihm stets die Einwilligung versagt, und wenn er ihm von seiner Tochter Rosa erzählt, die er nach seinem Wigwam zu führen wünsche, habe er immer kopfschüttelnd geantwortet: „Ich will Dir Deine Tochter durch meine Krieger herbeischaffen lassen, Du aber bleibe im Wigwam Deines Weibes, und sorge für Büffelfleisch, damit sie nicht darbe."

Es sei seine Absicht auch eigentlich nicht gewesen, Rosa in eine wilde Indianerin umwandeln zu lassen, er habe aber Gelegenheit gesucht, den Comantschen zu entkommen. Erst nach dem Tode des alten Häuptlings habe er den jungen, schwarzen Adler, seinen Schwager, auf einem Streifzuge nach dem Osten begleiten dürfen und bei dieser Gelegenheit erfahren, daß Rosa zwar verheiratet gewesen, aber schon im ersten Kindbett gestorben sei. Was aus seinem Schwiegersohne geworden, der von Arkansas ausgewandert, habe ihm damals Niemand sagen können, und erst viel später habe er dann gehört, daß L . . . d sich zum zweitenmale verheiratet, und in Texas in der neuen Ansiedlung Cuero sich niedergelassen, wo er einen Kaufladen angelegt. Vor Schmerz über den Verlust seines einzigen Kindes fast wahnsinnig, habe er sich nun entschlossen, in der Wildnis zu bleiben, und unter den Indianern sein Leben zu beschließen. Gegen die Weißen, besonders aber gegen die Amerikaner, habe er einen unvertilgbaren Haß getragen, da er sie für all das Unglück, das über ihn und sein Kind gekommen, verantwortlich gehalten. Daraus erkläre sich auch die rauhe Behandlung, die er seinem Schwiegersohne, ehe er ihn erkannt, habe zuteil werden lassen, was ihm freilich nachher herzlich leid gethan, da L . . . d der einzige Mensch gewesen, der ihm und seiner Tochter Gutes erwiesen. Bald nach seiner Rückkehr von dem Streifzuge sei dann auch sein junges Weib gestorben, und da sie ihm keine Kinder hinterlassen, ihn auch keine sonstigen Verpflichtungen mehr an die Comantschen

gebunden, habe er in die Flucht mit seinem Schwiegersohne
gewilligt. Das waren die Ereignisse, die M. D . . . . .
seinem Schwiegersohne mitgeteilt und die wir hier nur in
kurzen Sätzen wiedergeben konnten.

Die Ausführung der Flucht hatte sich aber dennoch in
die Länge gezogen; denn obwohl die Feindseligkeiten zwischen
den beiden Stämmen bestanden, diese auch den Kriegspfad
bereits betreten, war das Lager der Comantschen doch nie
ganz von Kriegern entblößt worden, und erst nach einer
erlittenen Niederlage dieser Indianer sammelte der junge
Häuptling alle Krieger seines Stammes um sich, und folgte
der Fährte der Apatschen, während der weiße Häuptling
mit den Gefangenen und einer geringen Anzahl Krieger
zum Schutze des Lagers, der Weiber und Kinder, zurück=
gelassen wurde.

Die Abwesenheit des Häuptlings mit seinen Kriegern
benutzend, hatten die beiden Weißen endlich die Flucht ge=
wagt, und waren auch glücklich entkommen. Fielen sie nun
aber den Comantschen wieder in die Hände, dann war
ihnen der Tod auf dem Scheiterhaufen gewiß, denn die
Execution L . . . . ds's war nur aufgeschoben, nicht auf=
gehoben — und kehrten die Rothäute gar als Sieger heim,
dann gab es auch ein Freudenfest für das ganze Volk, und
dazu war das gefangen gehaltene Bleichgesicht als das vor=
nehmste Opfer noch immer aufgespart worden. Aus diesem
Grunde hüteten sich unsere Freunde sehr sorgfältig vor
einer Begegnung mit den Rothäuten.

Das Unglück war aber näher als sie dachten.

Jenseits der Sierra de Guadaloupe gerieten sie in eine
öde felsige Gegend und fanden zwei Tage lang keine lebende
Feder und kein Wild. Ihr geringer Vorrat von getrocknetem
Fleisch ging zu Ende, auch hatten sie an Wassermangel zu
leiden; die Sonne brannte heiß vom Himmel. Ruhe war
ihnen nicht gestattet, wenn sie nicht Hungers sterben wollten.
Achtundvierzig Stunden waren sie schon umhergeirrt und
mußten fürchten, sobald sie sich im Schatten niedergelegt,
vor Schwäche nicht mehr aufstehen zu können. Das Ge=
wehr im Arm streiften sie emsig umher, immer nach Beute

ausspähend. Endlich beschlossen sie sich zu trennen, um desto gewisser ein Beutestück zu finden und sich gegen Abend wieder zusammenzufinden. Jeder sollte sich den Rückweg durch gewisse Merkmale zu sichern suchen, da sie nur im höchsten Notfalle und selten einen Schuß auf Wild abgeben durften.

L . . . . b schlug sich aufwärts, seiner Berechnung nach gegen die Quelle des Guadaloupeflusses zu. D . . . ging direkt nach Westen in eine weite Grasebene hinein, die aber ziemlich ausgebrannt war. Nach einem mehrstündigen Marsche kam L . . . b in scharf ausgeprägte Gebirgspartien, und da er nirgends Wild bemerkte, wollte er womöglich wenigstens ein Kaninchen aufstöbern. Noch ehe er tiefer in die Berge einbrang, bemerkte er ein verlassenes Indianerlager, das aber nur einige zurückgelassene Knochen bot. Er lauschte einige Zeit, und als er nichts vernahm, schritt er weiter. Von Zeit zu Zeit machte er sich Zeichen, um den Rückweg wieder zu finden. Aber kein Wild zeigte sich seinem Auge. Nur dann und wann vernahm er ein leises Knistern, das ihn aber nur zu äffen schien, sonst hörte er keinen Laut. Die Zunge war ihm schier vertrocknet, seine Glieder wurden matter und matter, und zuletzt fühlte er in seinem Gehirn sogar eine Art von Betäubung. Endlich mußte er sich entschließen, den Rückweg anzutreten, ohne ein Wild mitzubringen, ein Gedanke, der ihm schrecklich war. Aber vielleicht war sein Schwiegervater glücklicher gewesen, und dieser Gedanke allein erhielt ihn noch aufrecht. Mit einemmale hatte er die Richtung verloren, die ihn wieder mit seinem Gefährten zusammenführen sollte; auch nach den gemachten Zeichen suchte er vergeblich — sie waren auf rätselhafte Weise verschwunden. Zwar glaubte er einige Stellen schon passiert zu haben, und meinte sie auch wieder zu erkennen, aber die Zeichen waren fort.

Da bemerkte er im Sande eine Trittspur. Sollte sie von Indianern herrühren, die ihn umschlichen und seine Merkzeichen beseitigt hatten, um ihn irre zu führen? Jetzt schoß er auf jede Gefahr hin sein Gewehr ab und zwar in der Absicht, ein gleiches Zeichen von seinem Schwiegervater zu vernehmen, aber es erfolgte keine Antwort.

Die Nacht kam mit starken Schritten näher, da wurde er um seinen Gefährten ernstlich besorgt, hatte dieser doch alle Not und Gefahr mit ihm bisher redlich geteilt. Noch immer schritt er weiter — aber nicht lange mehr, denn nach Sonnenuntergang kam die Dunkelheit sehr schnell. Er mußte sich niedersetzen und alle weiteren Versuche aufgeben. Auch einen Schuß durfte er nicht mehr abgeben, teils um die Indianer, wenn solche in der Nähe waren, nicht herbei zu rufen, und teils, um seinen geringen Pulvervorrat nicht nutzlos zu verschwenden. Sich ein Feuer anzuzünden, um in der kalten Nachtluft sich daran zu wärmen, kostete ihm wenig Mühe, aber er besaß nichts, sich ein Mahl anzurichten. Indeß ließ ihm die Sorge um seinen Schwiegervater keine Ruhe. Er sprang auf und ging weiter durch das Gebüsch, um das Freie zu gewinnen. Es herrschte eine solche Dunkelheit, daß er keine drei Schritte vor sich hinsehen, mithin auch nichts erkennen konnte. Plötzlich glitt sein Fuß ab, er that einen schweren Fall und blieb dann bewußtlos liegen. Das letzte Gefühl, das ihn überkam, war das der eisigen Kälte.

Wie lange er in diesem Zustande gelegen, wußte er nicht; als er erwachte, war es heller Tag um ihn und er fand sich am Rande einer tiefen Schlucht, in deren Grunde ein dunkles Wasser sich befand. Vor ihm standen — ein entsetzlicher Anblick: sechs Indianer! Ihre Kleidung bestand aus Ueberwürfen (Jagdhemden) von Elennfell, welche mit Franjen und Haarlocken besetzt waren; außerdem zierten Stachelschweinkiele, Zähne von Wölfen und Bären Ueberwurf und Beinkleider; Mokassins aus gegerbtem Leder gefertigt und mit Stickereien versehen, bedeckten die Füße; ein Federschmuck zierte das Haupt. Alle waren bewaffnet mit langen Gewehren, Tomahawk und Skalpmesser und die Farben, mit denen sie ihre Gesichter bemalt, bekundeten, daß sie sich auf dem Kriegspfade befanden.

Daß sie ihm nicht freundlich gesinnt waren, sah L . . . . b auf den ersten Blick, den er nach seinem Er wachen auf sie richtete. Ihre Sprache, in der sie sich offenbar über ihn unterhielten, war ihm unverständlich. Nach der Richtung, die er eingeschlagen, konnte er annehmen, daß er es mit Apatschen zu thun hatte, die gegen die Weißen, besonders aber gegen Texaner und Yankees eine feindliche Stellung einnahmen. Er wußte ja, wie sie die Depeschenreiter belauerten und meuchelmörderisch überfielen, die Auswanderer ermordeten, die Niederlassungen niederbrannten und friedliche Ranchero's hinterlistig niederschossen. Und jetzt, da der Krieg zwischen Mexikanern und Texanern immer noch wütete, auch die Indianer wieder den Kriegspfad wider einander betraten, waren die Verhältnisse noch schlimmerer Art geworden.

Wie er später erfuhr, hatte er es in der That mit Apatschen zu thun, und da sie etwas englisch verstanden, versuchte er ihnen mit vieler Mühe sein Unglück zu verstehen zu geben. Seine Waffe war bereits in ihren Besitz übergegangen, und so befand er sich völlig wehrlos in ihren Händen. Sie gaben ihm zu verstehen, daß er ihnen zu folgen habe und führten, ihn in ihre Mitte nehmend, eine weite Strecke durch das Gebirge und dann in eine Prärie.

Nach einem etwa dreistündigen Marsche gelangten sie wieder in das Gebirge. L .... d's Kräfte waren nahezu erschöpft, als er mit seinen Wächtern an die Stelle kam, wo er sich von seinem Schwiegervater getrennt hatte. Ob es von den Indianern mit Absicht geschah, daß sie ihn gerade an dieser Stelle vorüberführten, oder ob es Zufall war, vermochte er nicht zu entscheiden, aber ein entsetzlicher Anblick bot sich ihm hier dar; denn vor ihm lag sein armer Schwiegervater, — tot! Die Hirnhaut fehlte — er war skalpiert worden. Ein Schauder durchrieselte seinen ganzen Körper — thränenden Auges verließ er den Lagerplatz, wo noch wenige Stunden zuvor der Ermordete frisch und gesund an seiner Seite gesessen, und harmlos mit ihm geplaudert. Nun war er dahin! Tiefe Traurigkeit erfüllte seine Seele, und doch — — war er selbst nicht auch auf dem Wege zur

Schlachtbank? Wie lange würde er noch zu atmen haben, bis ihn ein gleiches Schicksal ereilte? —

Nach einer abermaligen, mehrstündigen Wanderung, die für die ermatteten Glieder des Gefangenen eine ungeheure Strapaze waren, gelangten sie an den Rand eines weiten Thales, in welchem sie das Lager der Apatschen an ihren Wigwams und den weidenden Pferden erkenntlich, erblickten.

In unmittelbarer Nähe des Dorfes stürzten ihnen Männer, Frauen und Kinder mit gellendem Geschrei entgegen. Die Apatschen befanden sich noch im Siegesrausch, denn sie hatten, wie L...b später erfuhr, den Comantschen eine empfindliche Niederlage beigebracht, und viele Pferde und Skalps von den Feinden erbeutet.

Sobald sie den weißen Gefangenen erblickten, erhoben sie ein Siegesgeheul und schnitten ihm drohende und komische Grimassen. Ein hochgewachsener aber fast steinalter Indianer mit besserer Kleidung, Büffelhörnern und einen Kranz von Adlerfedern auf seinen Kopf — der Häuptling „Bärenklaue", trat herzu, sprach einige Worte mit den Kriegern, und hieß die Weiber und Kinder zurückweichen.

Darauf führten zwei Krieger den Gefangenen hinter einen der äußersten Wigwams des Lagers, banden ihn an einen Baum, doch so, daß er wohl sitzen, aber sich nicht weiter bewegen konnte. Wie man ihn bewachte, erkannte er daran, daß von Zeit zu Zeit ein Indianer hervortrat, um nach ihm zu sehen. Seiner in englischen Worten ausgesprochenen Bitte, ihm etwas zu essen und einen Trunk Wasser zu reichen, gab man kein Gehör, und doch war er nahe am Verschmachten.

Trotz seines elenden Zustandes traten ihm die Bilder der Vergangenheit, Gegenwart und Zukunft vor seine Seele. Wie sehr verwünschte er seinen Entschluß, nach der neuen Welt ausgewandert zu sein, und wie lebhaft gedachte er der Zeit seiner Jugendjahre im lieben deutschen Vaterhause! Aber das war nun alles hoffnungslos dahin! Wie glücklich war er noch als Farmer in Arcansas gewesen — als Junggeselle — als verheirateter Mann an der Seite seiner Rosa

— als Vater seines einzigen Kindes — ja, auch noch als thätiger Geschäftsmann in Texas, — bis das Unglück plötzlich über ihn hereingebrochen, und er Alles, Alles verloren: Hab und Gut, Weib und Kind, und dazu die entsetzlichen Martern, die er unter den grausamen Comantschen hatte erdulden müssen. Er mußte sich wundern, daß er noch lebte und sich fragen, wozu er überhaupt noch lebte? Doch nur, um neue Qualen zu erdulden; denn daß er diesmal nicht mit dem Leben davon kommen werde, war ihm nur zu gewiß. Wozu sollte ihm das Leben auch noch nützen? Und doch, wie gerne hätte er sein Kind, seine liebliche Rose von Texas noch einmal wiedergesehen! Aber auch diese letzte Hoffnung war nun mit seiner neuen Gefangennahme für immer verschwunden. Ja, sein Kind, sein liebes Kind lag ihm am Herzen! Was mochte aus seinem Töchterlein geworden sein? Wie hatte sie den furchtbaren Schlag, von dem Vater, an dem ihre ganze Kinderseele hing, auf so eine schreckliche Weise getrennt zu werden, ertragen? Und wie hatte sein Weib das furchtbare Unglück hingenommen?

Monatelang von den Seinen getrennt, ohne jede Nachricht von ihnen, zubringen zu müssen, ist entsetzlich — und dann endlich zwischen Furcht und Hoffnung einem gewissen Tode entgegen zu harren, ist die fürchterlichste Qual einer ringenden Seele. — Jetzt lag er angebunden wie ein Hund, und harrte dem elendesten Tode entgegen, um zuletzt den Rothäuten einen Skalp mehr zu liefern. Sobald er eine Bewegung im Lager wahrnahm, glaubte er, man eile in die Ratshütte, um das Todesurteil über ihn auszusprechen. Sein fast noch schwarzes, wenn auch schon ergrauendes, starkes Haar war für die Indianer ordentlich verlockend. — Ein noch jugendlicher, aber groß und schlank gewachsener Indianer trat jetzt zu ihm heran. Er trug eine ganze Kette von Menschenzähnen um den Hals, und am Gürtel wohl zehn getrocknete Stirnhäute. Sein Blick nach dem Kopfe des Gefangenen schien diesem unheimlich. Es war, wie er später erfuhr, der junge Häuptling „Adlerkralle", der Sohn des alten Häuptlings „Bärenklaue". Er hatte offenbar nur seine Neugierde befriedigen, und den schönen

Skalp des Gefangenen in Augenschein nehmen wollen. Endlich nach Verlauf einiger Stunden ward seinem Auge eine andere Ueberraschung und seinem Herzen eine wonnige Erquickung zu Teil. Eine Erscheinung, die er hier wahrlich nicht erwartet. Aus einem Lorbeergebüsch, an welches das hinterste Wigwam sich lehnte, schlüpfte ein junges, etwa dreizehnjähriges Indianermädchen mit frischen roten Lippen — leider mit bemalten Wangen — aber mit freundlichen, himmelblauen Augen und langem goldblonden Haar. Sie trug ein rotes Obergewand, Moccassins an den Füßen, und ihre Gestalt errinnerte ihn lebhaft an sein Töchterlein Rosa. Noch ehe er sich von seinem Erstaunen erholen konnte, kniete sie an seiner Seite. Sie brachte einen irdenen Krug mit frischem Wasser, ein Stück Reiskuchen in einer Pfanne gebacken, gedörrte oder geröstete Reiskörner und ein saftiges Stück schön gekochtes Büffelfleisch.

Mit einem herzlichen Dankesblicke in ihre Augen — sah er, wie aus diesen himmelblauen Augen plötzlich Ströme von Thränen brachen und die Wangen herniederrannen.

Schon wollte der heißhungrige Mann seine Hand nach dem Dargereichten ausstrecken — als er plötzlich inne hielt.

„Um Gottes willen — — was — — was — —"

Ein Schluchzen und Weinen — ein Stöhnen und Aechzen — und dann die Worte: „Vater! mein Vater! Deine Tochter Rosa — ich bin es!" die plötzlich an sein Ohr drangen.

So plötzlich, so unerwartet hatte der Schwergeprüfte hier sein Kind, seine Tochter gefunden — denn diese Stimme war Rosa's Stimme — und so mächtig war die Erschütterung, die ihr urplötzliches Erscheinen in ihm hervorrief, daß der starke Mann augenblicklich das Bewußtsein verlor und ohnmächtig an den Baum zurücksank. Jetzt aber kehrte auch Rosa's volle Energie und Selbstbeherrschung zurück. Sie wußte, was auf dem Spiele stand, wenn die Indianer merkten, daß zwischen ihr und dem Gefangenen ein Einverständnis bestehe; denn dann war Alles verloren. Sofort bemühte sie sich, den Ohnmächtigen wieder zum Bewußtsein zu bringen, indem sie ihm das kalte Wasser ins Gesicht spritzte, und dann auch das frische Wasser einzuflößen versuchte. Zu ihrer unaussprechlichen Freude wurden ihre Bemühungen auch bald von Erfolg gekrönt; denn nach wenigen Augenblicken schon schlug der Vater die Augen wieder auf, und blickte seinem lieben Kinde freundlich in das buntbemalte Antlitz.

„Ach, Vater, um Gotteswillen, halte Dich stark — versuche jetzt ruhig und gefaßt zu bleiben — o, sprich kein Wort — nimm, iß und trink — und laß mich reden, denn alles hängt von diesem Augenblicke ab, wo wir uns wiedersehen und uns sofort verständigen müssen. Ich darf nicht lange bei Dir verweilen — es darf auch niemand merken, daß ich Deine Tochter bin — höre mir zu," flüsterte sie. „Des Wiedersehens freuen wir uns, wenn wir frei und außer Gefahr sind."

„Röschen, Röschen! Mein liebes süßes Mädchen — nur einige Worte, mein gutes Kind, wie kommst Du hierher?"

„Ach, Vater, das alles erzähle ich Dir später, ja, alles, was Du nur zu wissen begehrst, aber jetzt bitte höre mich an."

„Nun, dann sprich, mein Kind" — flüsterte der Vater, „ich werde essen und trinken, damit ich nicht ganz verschmachte — und — schweigen." Damit langte er zu und verschlang die Speisen mehr, als er aß. Während dem kauerte Rosa neben ihm nieder, lächelte ihm unter Thränen zu und begann:

„Vater, seit Monaten bin ich hier bei den Apatschen — ich wollte Dich suchen und retten und wurde dabei von einem falschen Manne betrogen — dann von ihm aus dem Lager der Rangers gestohlen und von den Apatschen hierher gebracht. Der junge Häuptling „Adlerkralle", derselbe, den Du mit den Menschenzähnen um den Hals vorhin hier gesehen hast, begehrt mich zur Frau — dazu bin ich aber noch nicht alt genug; — er sagt, er habe mich sehr lieb und würde alles thun, was ich nur wünschte, auch noch eine Weile warten, bevor er mich in seinem Wigwam als sein Weib einführen wolle, und was dergleichen mehr ist. Ihm habe ich es auch zu danken, daß mir erlaubt wurde, Dich

7*

mit Speise und Trank zu erquicken, benn ich erkannte Dich sofort, als Du ins Lager gebracht wurdest, da ich mich unter den Zuschauern befand. O, wie mein Herz bebte, als ich Dich gefangen sah, und nun mußte ich mir Gewalt anthun, um nicht in lautes Weinen auszubrechen! Wie ich aber auch Gott von Herzen dankte, Dich noch einmal lebend wiederzusehen! Das kann ich Dir gar nicht sagen."

„Ach, Röschen, das wäre ja alles recht, wenn — — wir sehen uns jetzt wieder — und das ist ja gewiß dankenswert — aber wie befreien wir uns aus den Händen dieser Heiden? Wer soll uns retten, damit wir endlich wieder unter zivilisierten Menschen kommen?" fragte der Vater sein Töchterlein mit besorgter Stimme.

„Vater, bester Vater, höre nur weiter. Es wird für unsere Rettung gesorgt werden, denn wir haben einen Freund hier im Lager und viele Freunde draußen in den Bergen."

„Wie — was sagst Du, Kind?"

„Ja, Vater — Papesto, der Häuptling der Navajos, befindet sich als verkleideter Apatsche mitten in unserm Lager und hat mich schon von allem unterrichtet."

„Wie? Papesto, mein alter treuer Begleiter? Unmöglich!"

„Nein, Vater, nicht unmöglich."

„Und die Apatschen merken die Täuschung nicht?"

„Wie es scheint, nein!"

„Dann spielt die gute Rothaut aber um ihren Skalp!"

„Er weiß das — hat es aber so schlau einzurichten gewußt, daß er unter den Apatschen für einen Gesandten eines anderen Stammes gilt, der zu demselben Volke gehört."

„Dann muß die Täuschung vollständig sein; und draußen in den Bergen?"

„Liegen 50 Navajo=Indianer und 15 Rangers unter Führung unseres Freundes D....mann. Sie alle sind gekommen, mich zu befreien — und in der nächsten Nacht schon, wenn alle abwesenden Apatschen hierher zurückgekehrt sein werden, will Papesto die Flucht mit mir antreten. Er sagte mir, daß er erst die Rückkehr aller Rothäute, die in das Lager gehören, abwarten müsse, ehe er die Flucht mit mir wagen könne; es dürfe uns kein Apatsche auf dem Wege begegnen. Nun wird er aber auch Dich retten müssen, denn er weiß, daß Du hier bist, — wie das geschehen soll, weiß ich noch nicht. Ich will versuchen, den jungen Häuptling zu überreden, daß er Dir die Freiheit schenkt und Dich zum Lager hinausbegleitet. Unter seinem Schutze bist Du sicher, da sich unter seinem Befehle alles beugt. Daß ich ihn täuschen muß, thut mir leid, aber es gilt Deine und meine Rettung, die ich auf keinem anderen Wege ins Werk zu setzen weiß. Nun, hoffen wir — —" Hier unterbrach sie plötzlich ihre Rede — „der junge Häuptling kommt," flüsterte sie leise, „laß Dir nichts merken, Vater."

Bald darauf kam der junge Indianer mit der Kette von Menschenzähnen um den Hals. Rose sprang auf und flog ihm entgegen. Sie sprach lebhaft und bittend in englischer Sprache, die der junge Indianer zu verstehen schien, und deutete auf den Gefangenen. Dann eilte sie wieder zum Vater, packte die irdenen Schalen zusammen und ging wieder zu dem jungen Häuptling zurück. Er machte anfangs ein finsteres Gesicht und wehrte Rosa ab.

„Warum hat die Rose von Texas geweint?" fragte er, indem er auf die verwischten Farben ihres Antlitzes deutete.

„Das Elend des Mannes meines Volkes jammert mich so," antwortete sie traurig.

„Daran muß die bleiche Rose sich gewöhnen" — sagte er milder — „doch ich weiß, es fließt das Blut des weißen Volkes in Deinen Adern, darum will ich Dich auch nicht weiter schelten, das zukünftige Weib des Häuptlings darf aber solche Thränen nicht weinen, das möge die bleiche Rose nicht vergessen." —

Dann näherte er sich dem Gefangenen und strich ihm mit der Hand über das Kopfhaar. Der Weiße schien darüber sehr erschrocken.

Plötzlich traten hinter dem Wigwam eine ganze Anzahl Männer hervor, alle bewaffnet und in voller Kriegsrüstung. Rosa entschlüpfte erschrocken in das Lorbeergebüsch, aber der

Vater konnte die Augen, die in Thränen schwammen, herausleuchten sehen. Die Rothäute sprachen lebhaft, ballten die Hände gegen den Gefangenen und fuchtelten mit Tomahawk und Gewehr über seinem Haupte herum. Einer und der Andere zog sein Skalpmesser und strich mit dem Finger über die Schneide. Der junge Häuptling schaute sie mit ernsten Augen an, winkte ihnen dann mit der Hand und alle entfernten sich wieder in wirrem Gespräch. Auch der junge Häuptling warf noch einen dämonischen, unheimlichen Blick nach dem Haupthaar des Gefangenen und entfernte sich dann nach der entgegengesetzten Richtung.

L....b war in größter Aufregung und zweifelte bereits an seiner und seines Kindes Rettung. Die Spannung seiner Nerven war aufs höchste gestiegen, alle seine Fibern bebten und ließen ihn nicht einmal zur Freude über das Wiedersehen seines Kindes gelangen. Stand doch auch ihr Leben in großer Gefahr, während er sie in sicherer Obhut der Mutter wähnte, da er angenommen, daß sie sich zu ihr nach Victoria begeben habe.

Daß die Rothäute seiner nicht schonen würden, merkte er an ihrem Mienen= und Geberdenspiel. — In banger Erwartung der Dinge, die da kommen sollten, brach die Nacht über den Gefangenen herein. Im Lager ward es still. Der Mond ging auf mit grellem, gelbem Lichte. Die Rosse strichen in Trupps grasend an seinem Lager vorüber. Die zahllosen Hunde ließen sich nur hin und wieder mit ihrem Gebell vernehmen. Da nahte sich Rosa wieder dem Vater. Wie ein Schatten kam sie herangehuscht.

„Vater," flüsterte sie, „der junge Häuptling hat mir die Bitte gewährt und Dich frei gegeben. In einer halben Stunde wird er hier sein und Dich hinausbegleiten nach dem Totenhof der Indianer. Er hat mir erlaubt, Dir diese Nachricht zu bringen und mir gesagt, daß er von dort eine mehrtägige Reise antrete und niemand erfahren wird, daß er es war, der Dir die Freiheit schenkte. — Papesta aber läßt Dir sagen, daß Du Dich vom Totenhof aus direkt dem Ausgangspunkte des Mondes zuwenden sollst — und er und ich werden dann nicht weit von Dir entfernt sein.

Niemand kann unsere Flucht entdecken, da der junge Häuptling nicht in das Lager zurückkehrt — und der alte, in dessen Wigwam ich mich aufhalte, mich auch nicht vermissen wird, er an eine Flucht meinerseits auch nicht mehr glaubt. Auch die alte Mutter des jungen Häuptlings, die gewohnt ist, frühe ihr Lager aufzusuchen, wird nichts davon merken, und weil ich eine der letzten war, die zur Ruhe ging, wird eben niemand in der Hütte sein, der meine Abwesenheit bemerken kann."

Nach diesen Worten war sie geräuschlos, wie sie gekommen, wie ein Schatten wieder verschwunden.

Etwa zwanzig Minuten später erschien der junge Häuptling, durchschnitt, ohne ein Wort zu sagen, mit seinem scharfen Messer die Fesseln des Gefangenen und winkte, ihm zu folgen. Sie schritten lautlos über die Grasfläche zwischen einzelnen Bäumen hin und durch niederes Gestrüpp. Von fern vernahm der Befreite das Bellen der Präriewölfe, das Kreischen des Uhu, und ab und zu das Wiehern der Pferde, die sich auf der Weide tummelten. Auch das Gebell der Hunde schlug an sein Ohr, bis sie den Totenhof der Indianer erreicht hatten.

Auf hohen Gestellen zum Schutze gegen wilde Thiere hatten die Apatschen hier ihre Toten bestattet. Die Leichname waren in Tierfelle eingehüllt, auf Baumästen oder auf eigens dazu errichteten Gestellen befestigt, und ragten gleich schwarzen Schatten in die Nachtluft empor. Sie verbreiteten einen stinkenden Geruch, der vermutlich auch die Raubvögel anlockte.

Der junge Häuptling ließ den Weißen warten, ging näher an die schwarzen Gestalten heran, murmelte andächtig seine Gebete oder doch geheimnisvolle Worte, während sein Begleiter bemerkte, daß am Fußboden unter den Leichen einige Messer in den Boden gesteckt und ein Tomahawk, sowie ein Stück Fleisch niedergelegt waren: Mordmesser, Mordbeil, an denen jedenfalls Menschenblut klebte, und Nahrung für den blutgierigen Götzen der Indianer. Ihm schauderte die Haut.

Nachdem der Häuptling seine geheimnisvolle Andacht — vielleicht ein Sühnegebet als Ersatz dafür, daß er dem roten Götzen sein weißes Opfer entzogen, geendet, trat er zu seinem Begleiter und führte ihn weiter. Hinter einem Gebüsch standen zwei Pferde. Er forderte ihn auf, das eine zu besteigen, sprang mit einem Satz auf das andere und sagte dann halblaut in ziemlich gutem Englisch: „Das Bleichgesicht ist frei; die Rose von Texas hat die Seele „Adlerkralle" so weich gemacht, daß ich Dir die Freiheit schenken mußte. Geh und vergiß nicht, daß Du Dein Leben nur der bleichen Rose verdankst; und hüte Dich, dem roten Manne wieder in die Hände zu laufen, da ich zum zweitenmale Dich nicht freigeben könnte. Meine roten Brüder werden Dein Leben von mir fordern, ich werde ihnen das meinige, um der Rose von Texas willen, dafür bieten!" Damit warf er sein Pferd herum und sauste wie geisterhaft nach Westen davon.

Jetzt war L...b in der That wieder ein freier Mann und ritt so schnell er konnte in der ihm von Rosa bezeichneten Richtung davon. Aber schon nach einem kurzen Ritte brachen zwei Reiter aus einem Dickicht hervor, die bereits seiner Ankunft geharrt. Es waren Rosa und Papesto, die gleich nach dem Häuptling das Dorf verließen und von der ausgestellten Wache auch weiter nicht aufgehalten wurden, da der Indianer sie als Andächtige betrachtete und an dergleichen nächtliche Ausflüge nach dem Totenhofe gewöhnt war.

Als man sich gegenseitig erkannt und der Navajo=Häuptling seinen früheren Reisegefährten flüchtig begrüßt hatte, ritten sie wie im Fluge etwa zwei Stunden in östlicher Richtung weiter.

Mitten im Gebirge in einer tiefen Schlucht stießen sie auf ihre Freunde, die Rangers, an deren Spitze der Depeschenreiter D....mann stand, und dann auf die 50 Navajo=Indianer, die ihren kühnen und tapferen Häuptling mit einem lauten Freudengeheul begrüßten.

Mit einem donnernden Hurrah wurde nun auch die tapfere, kleine Rose von Texas samt ihrem Vater von den alten Freunden empfangen und daun herzlich bewillkommnet.

Hatten doch die Rangers nun endlich ihren Zweck erreicht und das entführte, liebliche Mädchen wieder in ihrer Mitte. Damit war die Schmach jener Nacht getilgt.

Das Wiedersehen zwischen L...b und D....mann war ein wirklich herzliches und rührendes, und die halbe Stunde der Ruhe war nicht lang genug, sich des Wiedersehens zu freuen und alle die Erlebnisse sich gegenseitig mitzuteilen, die jeder von ihnen in der Zeit der Trennung erfahren hatte.

Schon nach einer halben Stunde der Ruhe trat man den Marsch nach Südosten an, da man den Apatschen, falls die Flucht Rosas entdeckt werden sollte, keine Gelegenheit geben wollte, sie alsbald zu verfolgen und sich dann mit ihnen in einen Kampf einlassen zu müssen. Die Beute war den Indianern entrissen, und sogar eine doppelte Beute, und daran wollten Weiße und Rote sich vor der Hand genügen lassen und wenn möglich, nutzloses Blutvergießen zu vermeiden suchen.

Als der Morgen graute, hatte man das Gebirge überstiegen und ritt in die weite Prärie hinein.

Hier trennten sich die Indianer von ihren weißen Freunden und wandten sich nach Nordwesten, während der Häuptling Papesto, die Rangers mit Rosa und ihrem Vater, in südöstlicher Richtung auf der weiten Ebene davonritten.

IX.

Die Wiedervereinigung.

Es war am Abend eines heißen Augusttages des Jahres 1847. An dem Fenster des Bretterhauses zu Victoria saß, wie schon so oft, die arme, einsame Frau L...b. Sie hatte sich, nachdem Rosa den abenteuerlichen Entschluß gefaßt, sich in die Wildnis zu begeben, den Vater aufzusuchen und zu retten, doch nicht dazu entschließen können, Victoria zu verlassen und war bei dem Freunde ihres Gatten, der sie so gastfreundlich in sein Haus aufgenommen, geblieben, um hier die Rückkehr Rosas abzuwarten. An eine Wiederkehr ihres Gatten glaubte sie nicht mehr. Er war ja von den Indianern in die Gefangenschaft geschleppt und damit auch dem sichern Tode entgegengeführt worden. Aber Rosa würde und mußte ihr wiederkehren, selbst dann, wenn sie unter die Indianer geraten, da die Rothäute, wie sie aus vielen Mitteilungen über die Indianer wußte, sich stets gegen junge, weiße Mädchen gütig und freundlich erwiesen hatten.

Die Augen der Frau waren gerötet und die abgehärmten Züge kennzeichneten den tiefen Schmerz, der ihr Herz bewegte und ihre Kräfte zu verzehren drohte. Sie hatte jetzt Ruhe, die früher so bewegliche und rastlose Frau, denn sie saß ganz still und rührte kein Glied. Ihre Gedanken hatten sich allmählich von allen andern Dingen abgewendet und all ihr Sehnen galt nur noch dem Augenblick, wo ihre Augen ihren Liebling, ihre Rosa wiedersehen würden, an welcher ihre Seele hing und von der sie nun schon seit vielen Monaten hatte getrennt sein müssen. Die Zeit seit ihrer Verheiratung mit ihrem Gatten kam ihr jetzt wie ein Traum vor, und daß Rosa nicht mehr bei ihr war, erschien ihr fast wie ein Märchen.

Sie war einsam und verlassen, aber standhaft ertrug sie ihr Unglück, weil trotz ihrer rauhen Außenseite doch ein tiefgegründetes Gottvertrauen ihre Seele erfüllte.

So saß sie denn am heutigen Abend in trübe und schwermütige Gedanken versunken und gedachte der fernen Tochter.

Da riß jemand plötzlich die Thüre auf und Kaufmann P.... stürmte herein. Außerhalb des Hauses bellte Bullow ganz erschrecklich, dann verwandelte sich sein Bellen plötzlich in ein lautes, langtönendes Freudengeheul. Der Kaufmann geberdete sich wie unklug; er lachte und klatschte in die Hände und war vor Freude fast außer sich, indem er rief:

„O jemine, o jemine! sterbt nur nicht vor Freude, Frau L....b — — o Himmel — welch ein Glück — welch ein wahres — welch ein großes Glück!"

„Was habt Ihr denn, Mr. P....?" klang es tonlos aus dem Munde der bleichen Frau vom Fenster herüber. „Was macht Euch denn so vergnügt?"

Aber im nächsten Augenblick schon schrie die arme Frau laut auf; denn in der Thür erschien eine weibliche Gestalt, deren Züge sie augenblicklich erkannt hatte.

„Mutter, meine arme, liebe, gute Mutter!" rief Rosa, während sie auf die aufs höchste überraschte Mutter zustürzte und zu ihren Füßen sank. „O vergieb, vergieb Deinem unartigen Kinde, das Dich heimlich verließ — um — um den Vater — ach, es geschah ja nicht aus bösem Willen — um den Vater zu retten!"

„Beruhige Dich, meine Rosa — beruhige Dich, mein gutes Kind — Du folgtest Deinem liebewarmen Herzen, wenn auch die erforderliche Ueberlegung Dir dabei fehlte!" schluchzte die bleiche Frau und beugte sich auf das gold=

blonde Lockenhaar der glücklich wiedergekehrten Tochter nieder, um sie dann mit ihren Armen zu umschlingen.

Der Augenblick des Wiedersehens war ein ergreifender, auch dem bärtigen Depeschenreiter, welcher Rosa auf dem Fuße gefolgt und der mit dem Indianerhäuptling an der Schwelle stehen geblieben war, traten die Thränen in die Augen. Selbst die eisernen Züge der Rothaut nahmen einen weichen und warmen Ausdruck an, während er seine weicheren Gefühle gewaltsam unterdrücken mußte.

„Jetzt bist Du wieder mein Röschen," erklang es leise von den Lippen der vereinsamten Frau, „und nun können wir den Schmerz um den verlorenen Vater gemeinsam tragen; nicht wahr, mein liebes Kind? Und Du verläßt mich nun nicht wieder?"

„Nein, Mutter, bis zu dem Augenblick nicht, wo Gott uns trennt; — und den Vater" — — sie lächelte still und selig vergnügt — „ja, den Vater führe ich Dir auch noch zu!"

Eine längere Pause trat ein. Mutter und Tochter hielten einander noch immer zärtlich umschlungen. Endlich fragte die Mutter schüchtern:

„Und vom Vater hast Du nichts vernommen, Kind?"

„Doch, liebe Mutter, aber — — laß mich Dir erst erzählen, wie es mir ergangen ist, seit ich Dich verließ. Ich komme direkt aus dem Lager der Apatschen-Indianer" — und nun begann sie ihre Erlebnisse in kurzen Zügen zu erzählen. Die Mutter hörte schaudernd zu, und als Rosa darauf zu sprechen kam, wie sie in jener Nacht aus dem Lager der Rangers von dem Trapper gestohlen und entführt worden, der Verräter aber bald nach dem Raube in einem Gefechte, das die Apatschen gegen die Comantschen zu bestehen hatten, erschossen worden war, unterbrach sie die Erzählerin, indem sie leise sagte: „Dann hat er ja schnell seinen wohlverdienten Judaslohn empfangen, mein Kind!"

„Ja Mutter — indeß wurde ich im Lager der Apatschen gut und freundlich behandelt. Der junge Häuptling „Adlerkralle" wollte mich, wie er mir sagte, zu seinem Weibe machen — denke nur Mutter — und so mußte sich denn auch Alles seinem Willen beugen, und mich gut und zuvorkommend behandeln. Wie mir aber davor graute, das Weib eines wilden Indianerhäuptlings zu werden, kann ich Dir gar nicht sagen."

„Ich kann es mir denken, mein gutes, armes Kind."

„Die alte Häuptlingsfrau, die Mutter „Adlerkralles," fuhr Rosa fort, „bewies sich gegen mich sehr zärtlich und freundlich, lehrte mich ihre Sprache, führte mich in ihre indianische Hauswirtschaft ein, und ließ mir jede Rücksicht angedeihen und ihre volle Liebe zu Teil werden. Niemand durfte in ihrer Gegenwart es wagen, die „bleiche Rose" zu beleidigen; aber das Alles konnte mich nicht trösten und so weinte ich viel — denn ich sehnte mich nach Dir, liebe Mutter, und nach der Rettung des Vaters, wie ich auch meine eigene Befreiung sehnlichst herbeiwünschte. — Und der Engel, der mich erretten sollte, kam in der Gestalt eines treuen, roten Freundes herbei. Siehe, Mutter, da steht er," schloß Rosa ihre Erzählung, und deutete auf Papesta, den roten Indianerhäuptling. „Er und unser Freund D....mann suchten in der Wildnis so lange nach mir, bis sie mich endlich fanden. Doch das erzähle ich Dir später — und nun bin ich wieder bei Dir — und so überaus glücklich — liebe Mutter — und auch den Vater sollst Du — — wieder — sehen!"

„Den Vater, Kind? Gott gebe es!" seufzte die weiße Frau, und wandte ihre thränenfeuchten Augen den beiden Männern zu, die Rosa als ihre Retter bezeichnet. Sie streckte ihnen beide Hände entgegen, um ihnen aus voller Seele für die Rettung ihres Kindes zu danken.

Da öffnete sich die Thür zum zweiten Male und langsam trat eine hohe, bleiche, abgemagerte Männergestalt herein, deren wilder Bartwuchs seine Gesichtszüge völlig verdeckte, so daß das Weib ihren Gatten in der im Zimmer bereits herrschenden Dunkelheit nicht zu erkennen vermochte. Seine Brust wogte in einem Kampf von Gefühlen und sein Auge, das schon so oft dem Tode mutig ins Angesicht geblickt, strömte jetzt über. Er mußte sich

gewaltsam zusammennehmen, während er seiner Frau näher
trat. Und dieses Weibes Augen ruhten mit einer eigen=
tümlichen Starre auf dem wildbebarteten, wettergebräunten
Antlitz. Es schwirrte ihr durch den Kopf und zum öftern
rang sie nach Atem. Warum pochte ihr Herz so ängstlich
und doch so freudig?

Aber nein, es konnte ja nicht sein — ihr Gatte ge=
hörte den Toten an — und doch — hatte nicht Rosa von
einem Wiedersehen mit dem Vater gesprochen? Sie
schluchzte, ihre thränengefüllten Augen suchten sich an der
Gestalt, die dort vor ihr stand, fest zu bannen — — dann
kam es plötzlich wie eine Erleuchtung über sie, und die
Worte Rosa's: „und den Vater führe ich Dir auch
noch zu!" hallten in ihrer Seele wieder.

„Rosa! Rosa! er ist's! er ist's!" schrie sie plötzlich
auf — und die bleiche Frau preßte die Hand gegen
das Herz, und rief dann, ihrem Gatten in die Arme
stürzend, und an seine Brust sinkend:

„Moritz! Moritz! Vater! Vater! Du bist's! Du
bist mir von den Toten erstanden — wir haben Dich
wieder!"

„Ja Mutter, ich bin's, Du hast Deinen totgeglaubten
Gatten wieder!" rang es sich über die Lippen des starken
Mannes. „Ich bin's, trotzdem die furchtbaren Martern
mich so entstellt, daß Du mich nicht erkennen konntest.
Doch die Augen des Weibes blicken scharf, sie durchbrechen
sieghaft jede Veränderung, welche die entsetzlichen Torturen
grausamer Martern meinem Antlitz eingegraben. Und
doch würdest Du dieses Antlitz nicht wiedergesehen haben,
wenn nicht unser Kind, unser Röschen, mein Rettungsengel
geworden wäre. Sie hat den Vater gesucht, gefunden
und — gerettet! Und Gott sei gelobt, daß er mich diese
Stunde noch einmal in meinem Dasein erleben ließ — und
mir Freunde erweckte, die ihr Leben gewagt, um das meine
zu retten. Da stehen sie — Gott vergelte ihnen, was sie
an mir und meinem Kinde thaten."

„Vater! Vater!" flüsterten die Lippen der bleichen
Gattin — und als die Freude die arme, sonst so starke

und kräftige Frau übermannte, war die Erschütterung so gewaltig, daß sie in Ohnmacht sank — aber doch schon schwebten die beiden teuren Namen: Vater! Rosa! noch einmal auf den verstummten Lippen.

X.

Noch einmal entführt.

Vier Jahre waren verflossen. Der mexikanische Krieg war längst beendet. Der Sieg, den der amerikanische General Taylor im Februar 1847 bei Buena Vista über die Mexikaner erfochten, hatte Santa Anna gedemütigt, und das Thal des Rio Grande blieb von der Invasion einer mexikanischen Armee verschont. Das mexikanische Volk war auch durch die Siege des amerikanischen Generals Scott bei Vera Cruz entmutigt und General Taylor konnte das eroberte Land (Texas) besetzen. Somit war von der mexikanischen Armee nichts mehr zu befürchten.

Es war im Sommer 1851. Am Guadaloupeflusse bewohnte M. L.... b wieder eine Rancho. Man hatte ihn für seine, dem Vaterlande geleisteten Dienste, durch eine reichliche Landschenkung entschädigt. An der „großen Biegung" des Flusses hatte er seinen Wohnsitz aufgeschlagen und lebte hier mit seiner nun 17 jährigen Tochter Rosa allein. Sein Weib war inzwischen, tief betrauert von Gatten und Tochter, zu ihrer ewigen Ruhe eingegangen. Rosa hatte immer lieblicher ihre Liebreize entfaltet. Sie war nun zur Jungfrau herangeblüht, und man nannte sie nun wegen ihrer außergewöhnlichen Schönheit, und ihres einnehmenden Wesens, erst recht die Rose von Texas. Sie war nicht groß, aber kerzengerade gewachsen wie eine junge Tanne, ihr Auge, blau wie der Himmel, sah klar und fest in die Welt, aber es war doch kein Stolz und kein Hochmut darin. Die innere Festigkeit und Sicherheit des Willens und Herzens aber that sich in jeder Bewegung, in Blick und Haltung kund. Ihr goldblondes, langes Haar war zart und glänzend und ihre Haut blendend weiß, wie frischgefallener Schnee, wenn die Morgenröte darauf leuchtet, und die Wangen wie eine Moosrose, die eben die Knospe gesprengt hat.

Kein Wunder, daß ihre Erscheinung überall, wo sie sich blicken ließ, Bewunderung hervorrief, und daß die jungen Männer begehrlich nach dieser seltenen Rose der Wildnis hinschauten. Aber Rosa kümmerte sich wenig um diese Blicke; sie lebte nur ihrem Vater und ihrer Beschäftigung auf der Roncha. Hier lag ihre ganze Welt für sie eingeschlossen — nur dann und wann kam der nächste Nachbar, der aber immer noch 8 Meilen von ihnen entfernt wohnte, zu dem Vater herüber, um sich mit ihm über Erlebnisse aus vergangenen Tagen zu unterhalten, oder ein kleines Geschäft mit ihm abzumachen, — und dieser Nachbar war unser Freund D....mann, der frühere Depeschenreiter. Auch ihm war eine Entschädigung an Land für geleistete Dienste geworden, und so hatte er es denn auch vorgezogen, sich in der nächsten Nähe seines älteren Freundes L....b, mit dem er ein Herz und eine Seele geworden, niederzulassen. Da gab es denn öfters recht fröhliche Stunden, und Rosa freute sich stets auf die Ankunft des jungen Nachbars, der es so trefflich verstand, den Vater zu unterhalten, und sich gegen sie, wenn auch freundlich, so doch stets achtungs= und respektvoll zu benehmen. Wie ganz anders war doch das Auftreten dieses echt deutschen Mannes gegen das der andern Burschen, die sie kennen gelernt.

In der Nähe des Hauses war ein Pfad, welcher hinab nach der wieder aufgebauten Niederlassung Cuera führte, während an allen übrigen Seiten, soweit das Auge reichte, sich weite Steppen ausdehnten, welche des alten Mannes Ansiedlung von jeder menschlichen Wohnung absonderten. Auf diesen Prärien pflegte Rosa in ihren Mußestunden herumzuwandern, Blumen sammelnd, oder mit einer leichten Handarbeit beschäftigt, ohne daß ihr der Gedanke an Gefahr auch nur in den Sinn gekommen wäre Man lebte nun schon seit nahezu vier Jahren im tiefsten Frieden, und von Ueberfällen durch feindliche Indianer hatte man in neuester Zeit auch nichts gehört.

An einem herrlichen Sommerabend, als sie so beschäftigt auf der Prärie umherwandelte und Blumen pflückte, wurde sie durch ein lautes Geräusch, das die feierliche Stille der Prärie plötzlich unterbrach, erschreckt. In einer Bauminsel, nicht weit von ihre entfernt, die mit dichtem Gebüsch bestanden war — eine Seltenheit in diesem Teile von Texas — wurde es lebendig, und ehe sie noch einen Gedanken an irgend eine Gefahr zu fassen vermochte, brach plötzlich ein Trupp Comantschen aus dem Dickicht hervor, und sprengte auf sie zu. Ein Schreckensschrei entrang sich ihrer Brust, und in wilder Flucht eilte sie davon.

Ein Indianer, der Häuptling des Stammes (der schwarze Adler) verfolgte sie, und als er sie eingeholt und an ihre Seite gelangt war, bückte er sich und hob Rosa vor sich auf das Pferd, ohne den Lauf desselben auch nur im geringsten zu hemmen. Als der Raub geglückt, und Rosa eingefangen war, eilte die Bande mit ihrer Beute dem Gebirge zu.

Der Vater, eben im Begriff, sich zu seiner Tochter in die Prärie zu begeben, war Zeuge dieses schändlichen Vorganges. Das Entsetzen schnürte ihm die Kehle zu, er wollte schreien und nach Hülfe rufen, aber er vermochte es nicht. Was hätte es auch genützt? Die paar Neger, die bei ihm arbeiteten und ein weißer Knecht, hätten gegen die Wilden nichts auszurichten vermocht, und so ritt er denn eiligst selbst auf die benachbarten Ansiedlungen und verbreitete die schreckliche Nachricht. Die Männer waren größtenteils die früheren Rangers, und waren sofort bereit, zur Hülfe und Rettung seiner Tochter auszuziehen. Sie waren über das neue Unglück, das den alten, biedern Mann betroffen, sehr erschrocken und gewaltig erzürnt auf die räuberischen Rothäute. Da half aber kein Zürnen und Schimpfen, es mußte gehandelt werden, wenn Rosa wieder frei werden sollte.

Die kräftigen Männer verließen denn auch ihre Arbeit, ergriffen die Waffen, und schickten sich zur schnellen Verfolgung der Rothäute an.

Der frühere Depeschenreiter glühte vor Zorn und Aufregung über das diebische, räuberische, rote Gesindel und stellte sich wieder an die Spitze der zwar kleinen, aber tapferen Schar.

Inzwischen sprengte der junge Comantschenhäuptling mit seiner wertvollen Beute in die Prärie hinaus. Mit einem Arm hielt er Rosa umschlungen, während die andere Hand die Zügel führte. Seine Krieger folgten ihm, und immer tiefer ging es in die wilde Prärie und dann in das Gebirge hinein.

Mehr als einmal verlor Rosa das Bewußtsein infolge des Schreckes und der trostlosen Aussicht, nun wieder eine Gefangene der Rothäute zu sein. — Das dunkle Auge des „schwarzen Adlers" ruhte unablässig schweigend auf ihr. Er war ein schöner, junger, kühner Mann. Sein Häuptlingsschmuck stand ihm prächtig, und die in seinem Arm ruhende Rose von Texas war der Preis, den er hatte gewinnen wollen, und um die er ausgezogen war. Daß das herrlich schöne, weiße Mädchen ihm schon einmal durch die Rangers entrissen wurde, hatte er nicht vergessen, und daß das gemarterte Bleichgesicht der Vater desselben war, war ihm wohl bekannt gewesen. — Nach seiner Rückkehr von dem Kriegszuge gegen die Apatschen, hätte er die beiden Flüchtlinge, den weißen Häuptling (seinen Schwager) und den Vater Rosas verfolgen und sie leicht wieder einfangen können, aber er gönnte beiden, um der Rose von Texas willen, die Freiheit, und unternahm absichtlich nichts, um ihrer wieder habhaft zu werden. Er war es auch gewesen, der dem alten Indianer ins Ohr geraunt, dem Gefangenen einen Wink zu geben, daß er fliehen möge; daß die beiden Indianer ihn wieder eingefangen, hatte ihn heimlich sehr verdrossen.

Alles dies war geschehen mit dem stillen Wunsch, Rosa als sein Weib in sein Wigwam zu führen und diesem Wunsche hatte er nicht zu entsagen vermocht; —

und nun ruhte sie in seinem Arm. Auf ihrem Antlitz lag die volle Anmut der ersten jungfräulichen Jugend — es war ein schönes, fast engelhaftes Gesicht. Auf den Wangen verbreitete sich ein leichtes, zartes Rot wie hingehaucht, der kleine Mund war fein geschnitten, die Lippen schwellend, wie Rosenknospen.

Eine wunderbare Anziehungskraft übten auf ihn die großen himmelblauen Augen, welche so schwermütig zu blicken vermochten und dem, der hineinschaute, einen Himmel voll Seligkeit verhießen. Es war unmöglich, nach diesen Augen nicht wieder und immer wieder auszuschauen und sie zu lieben. Dazu kam, daß ein volles, goldglänzendes, halbgelocktes Haar dies liebliche Madonnengesicht umrahmte.

Unaufhaltsam stürmten die Indianer mit ihrer Beute davon. Tag und Nacht gönnten sie sich keine Ruhe noch Rast, nur, daß sie von Zeit zu Zeit ihre Mahlzeiten hielten, wo man Rosa dann vom Pferde hob, ihr gedörrtes Büffelfleisch, ein Stück Maiskuchen, und einige wilde Pflaumen und Beeren vorsetzte und einen Trunk frischen Quellwassers reichte. Sie genoß von den dargereichten Speisen nichts, nahm aber dann und wann einen Trunk Wasser an.

Endlich war das Gebirge überstiegen. Der Abend dunkelte, als man im Lager der Comantschen, in dem uns schon bekannten Thale, anlangte. Die Tochter befand sich nun an derselben Stelle, wo der Vater die unsagbaren Martern erduldet.

Rosa blieb eine Gefangene und wurde in einem alleinstehenden Wigwam gewiesen, dann wurde ihr Speise und Trank gereicht, und zu ihrer Bewachung zwei Indianer vor den Eingang der Hütte postiert, denen der Häuptling auf's nachdrücklichste klar gemacht, daß sie ihm für die Sicherheit der Gefangenen bei Verlust ihrer Kopfhaut einzustehen hätten.

Trotz der Furcht, des Grames und Schmerzen, sich nun wieder von ihrem Vater getrennt zu wissen, war Rosa doch endlich auf ihrem Lager von Büffelfell fest eingeschlafen. Der unausgesetzte Ritt hatte alle ihre

Glieder gelähmt und sie sehr ermüdet. Der Schlaf stärkte sie wieder.

Drei Tage und vier Nächte brachte sie einsam in der Hütte zu. Sie weinte, seufzte und betete zu Gott um Errettung aus den Händen der Indianer. In der vierten Nacht erschien der junge Häuptling bei der Gefangenen in der Hütte, zündete ein Feuer an und stellte sich dann ernst und würdig der Rosa gegenüber.

„Rose von Texas," hob er an, „Du bist erschrocken, daß ich um die Stunde der Nacht Deinen Wigwam betrete, ich bin gekommen, Dir zu sagen, daß meine Krieger Deinen Tod begehren, weil Du die Tochter des weißen Mannes bist, der meinen Vater, den alten Häuptling, Red Cloud, ermordete und der sich des Martertodes durch die Flucht zu entziehen wußte."

Rosa schlug ihre Augen zu ihm auf und sah ihn fragend an, während der Häuptling die seinen zu Boden senkte. Es schien, als fürchte er sich, in diese Augen hineinzuschauen, als sie aber immer noch schwieg, fuhr er fort:

„Ich, der Häuptling des Stammes, will Dich retten. Der „schwarze Adler" will Dein Leben erhalten. Du sollst mir Alles sein, und ich will Dir Alles sein; denn das Herz des „schwarzen Adlers" hat Dich lieb, wie sein eigen Herz. Ich verschmähe die schönsten Töchter meines Volkes, von denen jede gerne mein Weib werden würde, und erwähle Dich, weil Du schöner bist, als die schönste Rose der Prärie, lieblicher als die Lilien allzumal, sanfter und milder wie das Hüttenfeuer. Aus Deinem Auge strahlt eine Sonne, die das Herz erwärmt, der blaue Himmel, der die süßeste Wonne verkündet. Der schwarze Adler schenkt Dir sein Leben. Ich werde glücklich sein, wenn ich Dich glücklich sehe. Sprich, Rose von Texas, willst Du mein Weib werden?"

Dabei leuchteten die schwarzen Augen des Häuptlings, in denen das Feuer einer tiefen, innigen Zuneigung zu ihr brannte, in wunderbarem Glanze. Ja, der junge Häuptling, der Sohn der Wüste, liebte die weiße Tochter des weißen Mannes, der doch der Mörder seines Vaters war, und der statt der Liebe an ihr hätte Blutrache üben müssen, wie es die Sitte seines Volkes erheischte.

Rosa hatte versucht, ihn zu unterbrechen, aber das zornige Wort war ihr in der Kehle stecken geblieben. Als er geendet, schauerte sie zusammen. Das war zuviel, was er ihr geboten. Wie konnte sie das Weib eines wilden Indianers werden? War's nicht seltsam, daß sie wieder und immer denselben Antrag aus dem Munde eines Indianerhäuptlings hören mußte? Nein, nimmermehr konnte das geschehen. Der Häuptling hatte geschwiegen, er wollte ihr Zeit zum Ueberlegen lassen. Minuten waren verstrichen, sie hatte ihn keiner Antwort gewürdigt.

„Rose von Texas," hob er wieder an, „der Mann, den Du Vater nanntest, erschlug den Mann, den ich Vater nannte. — der Mann wurde Gefangener, ich hätte ihn töten können, aber ich schonte sein Leben um Deinetwillen, wenn ich auch den Martern nicht wehren konnte, die er von meinem Volke zu erdulden hatte. Ich wies ihm den Weg zur Flucht durch einen vertrauten Freund — daß er wieder eingefangen wurde, verdroß mich sehr. — Endlich entzog er sich mir durch die Flucht, der bleiche Häuptling begleitete ihn — ich ließ sie gewähren, obgleich es mir leicht gewesen wäre, sie wieder einzufangen. Aber ich wußte, Dein Herz würde sich freuen, wenn er wieder zu Dir käme, und Dein Herz würde sehr traurig werden, wenn ich ihm das Leben nehme, oder ihn seiner Freiheit für immer beraubte. Ich wollte Dich aber fröhlich und nicht traurig machen, weil ich Dich liebe, wie mein eigen Herz."

„Warum hast Du denn aber mein Vaterhaus niedergebrannt, und ihn selbst, meinen Vater, in die Gefangenschaft geschleppt?" fragte Rosa zornig.

„Weil ich einesteils der Blutrache Genüge leisten mußte für den Tod meines Vaters, und weil ich Dich suchte, und mich nach Dir verlangte," war des Häuptlings Antwort.

„Nein, Häuptling, wenn Du mein Herz gewinnen wolltest, konntest Du es unmöglich durch solche schändliche

Thaten gewinnen. Das Herz des Weibes muß den Mann lieben und achten können, den sie sich zum Gatten erwählt, für Dich aber empfinde ich weder das eine noch das andere. Geh, Dein Weib kann ich nicht werden, da ich Dich nicht lieben kann."

„Wenn Du meine Liebe verschmähst, kann ich Dich nicht retten, und Du wirst dann sterben müssen, Rose von Texas!"

„Nun wohl, dann werde ich sterben!" sagte Rosa entschlossen, „doch nun verlaß mich, Häuptling, damit ich mich auf meinen Tod vorbereiten kann. Geh, denn durch eine Heirat kannst Du mich nicht retten, da ich Dein Weib nie werden kann."

Da ergriff der Häuptling ihre Hand, drückte sie zärtlich und innig und flüsterte: „Du bist würdig das Weib des schwarzen Adlers zu werden" — dann stolz in seiner ganzen Häuptlingswürde und im Bewußtsein seiner Macht sich aufrichtend, sprach er laut und vornehmlich mit dem tiefen Kehltone seiner wohlklingenden Stimme:

„Die Rose von Texas wird nicht sterben!" — und war dann plötzlich aus dem Wigwam verschwunden. — —

L....b und der Depeschenreiter waren die Anführer der kleinen Heldenschar, die ausgegangen war, Rosa aus den Händen der Comantschen zu befreien. Mit dem richtigen Takte der Hinterwäldler und Rangers verfolgten die Männer die Spur der Indianer Tag und Nacht, und erreichten endlich nach tage- und nächtelangen Ritten eines Abends ihr neuerrichtetes Lager am westlichen Abhange des Gebirges. Die Comantschen hatten am Tage nach der Unterredung, die der Häuptling mit Rosa gehabt, ihr altes Lager abgebrochen, und waren weiter nordostwärts gezogen, um etwaigen Verfolgern die Spur zu verdecken. Die weißen Männer, als gute Pfadfinder, hatten sie aber doch gefunden, und sich auch sogleich überzeugt, daß ihre Verfolgung noch nicht bemerkt worden war. Sie verbargen sich deshalb in einem nahe gelegenen Dickicht, um am nächsten Morgen für einen kräftigen Angriff auf das Lager bereit zu sein. Mit einem lauten Kriegsgeschrei stürmten sie auf das Lager an. Die roten Krieger waren aber so gut geschult, daß sie jeden Augenblick schlagfertig bastehen konnten. Im Nu hatten sie sich bewaffnet, und erwarteten in guter Schlachtordnung den Angriff. Die Comantschen zählten 150 Krieger, während die Texaner nur 135 Mann stark waren. Der rasche Angriff ging in Sturmschritt vor sich; tapfer und verzweifelt gingen die Männer vor. Aber mit Standhaftigkeit wurden sie auch empfangen, denn sie hatten es mit hartnäckigen und gewandten Feinden zu thun.

Jetzt folgte eine jener Kriegsscenen, in welcher Mann gegen Mann stand, und Jeder sich einen Gegner zum blutigen Handgemenge und Kampfe aussuchte, nicht des Ruhmes wegen, sondern aus Haß sich gegenwärtig abzuschlachten. L. . . . b stand denselben roten Menschen gegenüber, die ihn einst so schwer gekränkt, so grausam gemartert und zuletzt sein Liebstes, was er auf der Welt noch besaß, geraubt hatten.

Den ganzen Vormittag währte das Ringen unter wechselnden Zurück- und Vorwärtsdringen, und als endlich die Texaner des Sieges gewiß zu sein glaubten, stürzten sie in das Indianerdorf. Doch die hartnäckige Gegenwehr einer weit überlegenen Kriegerzahl trieb sie wieder zurück über Leichen von Feinden und Freunden. L. . . . b war immer voran in der Gefahr, und der Depeschenreiter spähete unablässig nach der gefangenen Rosa aus, vermochte sie aber nirgends zu entdecken. Der Vater kämpfte in voller Verzweiflung um sein Kind, ermunterte die Freunde, wenn sie gezwungen wurden, der Uebermacht zu weichen, zum Ausharren und war oft genug mit einem Feinde nach dem andern im erbittersten Handgemenge. Alle diese Gesichter, wie oft hatte er sie gesehen! Endlich kam er dem Zelte, in dem Rosa sich befand, nahe genug, um zu hören, wie sie mit ängstlicher Stimme seinen Namen rief, und doch war es ihm unmöglich in das Innere des Zeltes bis zu seiner Tochter vorzudringen, weil der schwarze Adler gerade dies Zelt mit Löwenmut verteidigte, und den Feind immer wieder zurückwarf. Das Ende des erbitterten Kampfes war, daß die Uebermacht der roten Indianer siegte. Nach

einem den ganzen Tag fast unausgesetzt fortgeführten
Kampfe, sahen sich die Rangers gezwungen, das Feld zu
räumen, und den unglücklichen Vater fast mit Gewalt mit
sich fortzuschleppen. Er wollte den Kampfplatz ohne sein
Kind nicht verlassen, und obgleich er den ganzen Tag wie
ein Löwe gefochten, kam er, wenn auch zurückgeschlagen,
doch gänzlich unbeschädigt davon.

Auch der Depeschenreiter war aufs tiefste bekümmert.
Alle Tapferkeit und Bravour hatte nichts genützt, da es
ihnen nicht gelungen war, Rosa zu befreien. Die Indianer
hatten eine gute Anzahl Tote, die Rangers zwei und etliche
schwer Verwundete, und hie und da war einer und der
andere, der mit einem leichten Streifschuß oder einer
Schramme davon gekommen war. Die kleine Schar zog
betrübt nach ihrer Heimat zurück.

Das Vaterherz aber ruhte nicht In Begleitung
D.... manns begab L.... d sich nach San Antonio zu
General W.... und beide Männer begehrten dessen Hülfe
gegen die Comantschen. Der General, ein alter Freund
und Gönner L.... b's, versprach in Ansehung der wichtigen
Dienste, die Letzterer während des merikanischen Krieges
dem Vaterlande geleistet, und im Interesse der „Mensch=
lichkeit", Rosa aus der Gefangenschaft der Comantschen
zu befreien.

Er sandte zu diesem Zweck dann auch bald eine Ab=
teilung amerikanischer Soldaten unter Führung des Oberst
S. Reith in das Land der Comantschen, und diesem gelang
es, das Lager der Indianer in aller Stille zu umzingeln
und dann den Häuptling zur Uebergabe des Lagers auf=
zufordern und mit seinen Kriegern sich ihm zu ergeben.

Als der „schwarze Adler" sah, daß ein Entkommen
unmöglich war, auch ein Kampf gegen eine solche wohl=
geschulte Uebermacht nutzlos und mit der Niederlage seines
ganzen Stammes enden mußte, war er zu Unterhandlungen
bereit.

Es wurde nun ein Vertrag abgeschlossen, und Rosa
ihrem Vater, der die Expedition begleitete, wieder aus=
geliefert. Mit Jubelrufen begrüßten die Soldaten die

Rose von Texas, deren Befreiung diesmal nicht einmal
einen Schuß Pulver gekostet hatte.

Das Wiedersehen und Sichwiederfinden der schon so
oft getrennt gewesenen Vater und Tochter, des näheren zu
beschreiben, unterlassen wir an dieser Stelle, und überlassen
es dem Leser, sich die Szene selbst zu vergegenwärtigen, da
ihm die beiden so oft und schwer geprüften Personen hin=
länglich bekannt sind.

Wie im Triumphzuge führte man das glückliche Mäd=
chen und den noch glücklicheren Vater durch die Wüste der
Prärie nach der Heimat zurück, und der Depeschenreiter
war nicht der letzte, der sich an dem Jubel und der un=
sagbaren Freude zwischen Vater und Tochter beteiligte.
Hatte doch die Rose von Texas ihm schon längst das
Herz abgewonnen; ja er mußte sich sagen, daß er sie mehr
liebe, als sein Leben und daß letzteres ohne sie für ihn
keinen Wert mehr haben könne

In der Heimat hieß man Rosa mit großer Freude
willkommen — und unter den weißen Freunden und Nach=
barn, die sich um die Verlorene versammelt hatten, um sie
willkommen zu heißen, befand sich auch eine Rothaut, die
sich innig freute, Rosa wieder auf dem Rancho des Vaters
zu erblicken. Papesto, der treue Navajohäuptling, hatte
leider zu spät erfahren, daß der wilde Comantschenhäuptling
die Rose von Texas geraubt, sonst würde er sich mit seinen
Kriegern den Rangers schon auf ihrem ersten Waffengange
gegen die Comantschen angeschlossen, und ein günstigeres
Resultat des Kampfes herbeigeführt haben. Desto mehr
freute er sich jetzt, das liebliche Mädchen wieder zu sehen
— und überbrachte ihr dann später herrliche Geschenke an
Pelzen und Goldkörnern!

Wir eilen zum Schluß.

Ein Jahr später wurde die vielbegehrte Rose von
Texas die Gattin des Depeschenreiters D... mann.

Als die Indianer gebändigt waren, hörten auch ihre
Ein= und Ueberfälle in jener Gegend auf. Die Land=
schenkung hatte den ehemaligen Depeschenreiter bald zum
wohlhabenden Manne gemacht. Er vertauschte sein Grund=

stück, und wählte sich die schöne Gegend an jenem Bache, wo damals, als er den Depeschenreiterdienst quittiert, und zu den Rangers überging, das Scharmützel, oder auch die Flucht der Comantschen im Wäldchen stattfand. Auch sein Schwiegervater verkaufte sein Besitztum, und siedelte mit seinen Kindern nach der neuen Heimat über.

Jetzt leben dort friedlich viele Leute. Die Indianergefahr liegt weit hinter ihnen, und die Eisenbahn wird dazu beitragen, daß die Ländereien dort immer mehr im Werte steigen werden.

Aber noch heute erzählen die älteren Kolonisten sich von der Rose von Texas, die leider zu früh für ihren trauernden Gatten und ihre drei Kinder ihre schöne, liebliche Prärie mit der ewigen Heimat vertauschte. Sie starb nicht ganz 40 Jahre alt, und folgte ihrem Vater, der ihr kurz vor ihrem Tode in die Ewigkeit vorangegangen war.

Daß die liebliche Rose von Texas es zweimal ausschlug, eine Fürstin des roten Volkes zu werden, wird eine Erzählung bleiben, die sich unter den Bewohnern jener Gegend, in dem schönen Texas, von Kind auf Kindeskind erhalten wird.

Verlag von Fr. Bartholomäus in Erfurt.

Das größte
Traumbuch
der Welt.

Nach alten Ueberlieferungen und
neueren Erfahrungen zusammengestellt

von

Ernst Bernhard.

Preis 1 Mark.

Verlag von Fr. Bartholomäus in Erfurt.

Höchst empfehlenswert!

Neue Herren-Abende

humoristisch-pikante Vortragsdichtungen

von

D. Haek.

Preis 1 Mark 25 Pfennig.

Silentium!

Trinksprüche und Reden unter Berücksichtigung und Zugrundelegung bekannter

Commers- und Volkslieder

für ernste und heitere Gelegenheiten geschrieben

von

F. W. Runze.

Preis 1 Mark 50 Pfennig.

Ein vorzüglicher Freund für alle diejenigen, welche bei Commersen rc. aller Art ein paar passende Worte reden wollen oder müssen.

In fröhlicher Gesellschaft!

Heitere gesellige Lieder, Deklamationen, Couplets, ergötzliche Stücke.

Original-Dichtungen von P. Serwas.

Preis 1 Mark 50 Pfg.

Verlag von Fr. Bartholomäus in Erfurt.

Allerlei
Orakel, Aberglauben
und Deutungen

von

Sophus Quasi.

Inhalt:

Allerlei Aberglauben. — Kartenlegen. — Gedankenlesen. Karten-, Blumen- und Halm-Orakel. — Liebes-Orakel. — Wahrsagen. — Würfel-Orakel. — Besprechungen. — Die 39 bösen Tage des Jahres. — 200 Antworten auf Fragen in Nummern. - Blumen-, Zahlen-, Schrift- und Briefmarken-Sprache u. s. w.

Preis 1 Mark.

Das grosse Buch

der

Toaste und Tischreden.

Die vollständigste Sammlung von Toasten, Trinksprüchen, Fest- und Tischreden in Poesie und Prosa für alle Fälle im Leben

von

Edmund Wallner.

9. verm. Auflage. 32 Bg. gr. 8°. Preis 5 Mark.

Verlag von Fr. Bartholomäus in Erfurt.

Polonaise, Contre-Tanz, Cotillon.

Ein Tanz-Vademecum für Tanz-Vorsteher, Tanzlehrer, und Freunde des Tanzes.

Enthaltend eine große Anzahl neuer, interessanter und leicht ausführbarer Touren von Polonaisen, Fackel-Tänzen, Shawl-Tänzen, Contre-Tänzen und Cotillontouren, nebst einem Lexikon der Tänze.

Veranschaulicht durch zahlreiche Illustrationen.

Herausgegeben von

Edmund Wallner.

Preis 2 Mark.

Dasselbe Werk hochelegant in Leinwand mit Goldpressung 3 Mark (willkommenes Festgeschenk).

Wenngleich es gerade auf dem Gebiete der Litteratur des Tanzes unendlich viele, meist kleine Broschüren giebt, die oft nichts weiter enthalten, als alte bekannte Kotillontouren und die Kommandoworte des Contre, so ist obiges lehrreich geschriebene Vademecum allen Freunden der Tanzkunst besonders zu empfehlen; es giebt kein Buch dieser Litteratur, was mit so erstaunlichem Fleiße wie dieses zusammengetragen, keines, was so umfangreiches Material giebt, überdies in kurzer, prägnanter Fassung. Selbst Lehrer und mit der Tanzkunst Vertraute werden in diesem Buche vieles Neue und Anregende finden. Von großem Interesse sind besonders die vielen, oft neuen, überraschenden Touren für Polonaise und Cotillon. Das am Schlusse befindliche, alphabetisch geordnete Lexikon der Tänze dürfte zum ersten Male in dieser Vollständigkeit gebracht sein.

Verlag von Fr. Bartholomäus in Erfurt.

Die Kunst des Bauchredens.

Mit einer gründlichen Anweisung dieselbe zu erlernen und geeigneten Uebungs-Dialogen versehen von

Ernst Schulz.

Preis elegant geheftet 2 Mark.

Der berühmte Mimiker und Physiognomiker Ernst Schulz giebt in diesem prächtig geschriebenen und von der Verlagshandlung äußerst splendid ausgestatteten Büchlein (welches übrigens 141 Seiten zählt und mithin wohl auch auf die Bezeichnung „Buch" einigen Anspruch erheben dürfte) zunächst eine genaue Definition des Begriffes „Bauchreden", geht dann auf die menschliche Stimme und ihre Bildsamkeit des Näheren ein, erörtert die Kunst des Bauchredens in psychologischer Beziehung, kennzeichnet in scharfen Umrissen die Geschichte und Litteratur der Bauchrednerkunst, spricht dann über die modernen Bauchredner und deren Vorstellungen und lehrt schließlich in durchaus faßlicher Weise, wie man sich selbst, vorausgesetzt, daß Lunge, Kehlkopf und Gehör in gutem Zustande sind, zum Bauchredner ausbilden kann. Als Anhang läßt Ernst Schulz eine Anzahl geeigneter Uebungsdialoge folgen. Wer Ernst Schulz in seinen „mimisch-physiognomischen Soireen" jemals gesehen und seinen geistvoll liebenswürdigen Plaudereien mit sicherlich großem Interesse gelauscht hat, möge ja nicht verabsäumen, sich durch den Ankauf dieses originellen Werkes, welches in der That das erste und einzige seiner Art in deutscher Sprache ist, eine nicht versiegende Quelle köstlichen Humors und eigener Fähigkeit, gesellschaftlich brillant zu unterhalten, für einen verhältnißmäßig sehr geringen Preis zu beschaffen.

Druck von Fr. Bartholomäus in Erfurt.

Verlag von Fr. Bartholomäus in Erfurt.

Höchst empfehlenswert!

Neue Herren-Abende

humoristisch-pikante Vortragsdichtungen

von

D. Hack.

Preis 1 Mark 25 Pfennig.

Silentium!

Trinksprüche und Reden unter Berücksichtigung und Zugrundelegung bekannter

Commers- und Volkslieder

für ernste und heitere Gelegenheiten geschrieben

von

F. W. Runze.

Preis 1 Mark 50 Pfennig.

Ein vorzüglicher Freund für alle diejenigen, welche bei Commersen ꝛc. aller Art ein paar passende Worte reden wollen oder müssen.

In fröhlicher Gesellschaft!

Heitere gesellige Lieder, Deklamationen, Couplets, ergötzliche Stücke.

Original-Dichtungen von P. Serwas.

Preis 1 Mark 50 Pfg.

Collektion „Wild-West" 20 Bände
(wird fortgesetzt)

Bd. in hocheleganten farbigen Umschlägen.

1. **Wild-West.** Erlebnisse im Lande der Indianer von E. Anders.
2. **Von Indianern verfolgt.** Aus dem Leben auf der Prairie von E. A. Western.
3. **Die Prairiejäger.** Erzählung aus der Zeit der Kämpfe zwischen Nordamerika und Mexiko von E. Anders.
4. **Der Hofmaler des Indianerhäuptlings.** Erzählung aus dem Leben eines alten Trappers v. E. Anders.
5. **Lederstrumpfs Tod.** Von E. Richter.
6. **Wildrose.** Erzählung aus der Zeit des Indianeraufstandes im Jahre 1862.
7. **Der Prairiefuchs.** Eine Erzählung aus dem Amerikanischen von E. Anders.
8. **Verfolgte Spur.** Erzählung aus dem Leben im Westen. Nach einer wahren Begebenheit. Von Carl Cassau.
9. **Bis in die Wildnis.** Erzählung von E. von Barfuß.
10. **Das Geheimnis des Trappers.** Erzählung von Otto Brüchig-Sternenfels.
11. **Samohaja und der Siouxkrieg.** Erzählung nach alten Familienpapieren aus dem wilden Westen von Carl Cassau.
12. **Die Rose von Texas.** Original-Erzählung von E. W. Graepp.
13. **Die weiße Indianerbraut.** Erzählung aus dem amerikanischen Wald- und Indianerleben von Otto Brüchig (New-York).
14. **Watawa, die Tochter des Crow-Häuptlings.** Erzählung von E. v. Barfuß.
15. **Der Fluch des Goldes.** Nach den Mitteilungen zweier deutschen Goldsucher erzählt von Otto Brüchig (New-York).
16. **Die Barbaren der Wildnis.** Erzählung aus den schwersten Tagen der indianischen Rasse von Otto Brüchig (New-York).
17. **Die Ansiedler.** Erlebnisse im Indianergebiet. Erzählung von E. Graef.
18. **Auf dem Kriegspfad.** Erzählung aus dem Indianeraufstand von E. Graef.
19. **Die Töchter des Indianer-Agenten.** Erzählung aus dem wilden Westen von Carl Cassau.
20. **Gefahrvolle Bahnen.** Erlebnisse eines jungen Hamburgers im Norden Amerikas. Erzählung von E. Graef

---

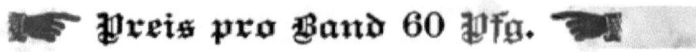 **Preis pro Band 60 Pfg.**

Verlag von Fr. Bartholomäus, Erfurt.